AF267820

PARIS

LIBRAIRIE ANDRÉ SAGNIER

9, rue Vivienne

—

Tous droits réservés

2e Livraison.

Paris. — Imp. Moderne (Arthier Dr), rue J.-J.-Rousseau, 61.

ÉTUDES COMMUNALISTES

Par Junior

I

DÉMOCRATIE

E pur si muove.

Les Anglais répètent souvent :

— *Democracy is like death : it gives back nothing.*
— La démocratie est comme la mort : elle ne rend
rien.

Conservateurs et libéraux sont d'accord sur ce point
en Angleterre, et M. Disraéli, le chef des tories, ne
s'exprime pas autrement.

Ils savent non-seulement qu'on ne revient pas de la
démocratie, mais encore qu'on y va nécessairement.

Aujourd'hui, la question pour un homme d'Etat,
hors de France, n'est pas de savoir si l'on ira à la
démocratie, mais comment l'on s'y conduira.

Il n'y a qu'en France qu'on ignore la pente fatale
de la démocratie et qu'on prétend lui faire rebrousser
chemin.

Nous ne voyons pas le courant, parce que nous y
sommes en plein. Si nous nous regardions par les yeux
de nos voisins moins entraînés, nous verrions mieux
d'où nous venons et où nous allons.

Je connais des gens qui soutiennent que tout a toujours été de même, et qu'on se donne une peine inutile à vouloir comprendre son époque.

Ils parlaient ainsi avant Sedan. Ils ont un peu changé de langage au moment du désarroi, lequel ils n'avaient pas prévu. Je suis sûr qu'ils ne s'en souviennent plus, qu'ils ont passé l'éponge sur cet accident et repris toute leur quiétude.

Cependant nous marchons, et la meilleure preuve que nous marchons, c'est que nous avons marché.

Tandis que nous avançons, la tête basse, dans l'inconnu, quelqu'un plante des jalons derrière nous, et, plus tard, à l'aide d'une longue-vue, nous permet de reconnaître où nous étions le moment d'auparavant.

Ce planteur de jalons, c'est l'histoire, et voici, sans chercher bien loin, un des mille et mille jalons qu'elle a plantés :

———

Un très-haut esprit, très-peu asservi à l'opinion, remarquait, il y a deux siècles, ceci :

« Il n'est pas nécessaire, parce que vous êtes duc, que je vous estime ; mais il est nécessaire que je vous salue. »

Il disait cela tout uniment, s'adressant à la conscience de tout le monde, sans crainte de surprendre les gens ni d'être contredit. Et il ajoutait :

« Ce sont là des grandeurs d'établissement dépendant de la volonté des hommes, qui ont cru devoir honorer certains états et y attacher certains respects. La chose était indifférente avant l'établissement : après l'établissement, elle devient juste, parce qu'il est injuste de la troubler. »

Maintenant la chose est troublée, si troublée qu'il n'en est plus question, et que nous admirons vous et moi qu'un noble esprit comme celui de Pascal ait pu accepter ces grandeurs d'établissement.

La chose, d'après son argument, a donc, cessant d'être établie, cessé d'être juste.

Ce n'est pas seulement le fait qui a cessé. L'idée génératrice du fait a disparu : événement plus grave.

Quelle idée génératrice ?

Le fond de l'esprit français n'a point changé. Nous n'avons point — dans les classes lettrées — acquis un sentiment plus vif des droits personnels. L'égalité naturelle était proclamée jusque dans les textes officiels depuis le xiiie siècle, et ce thème a fait, du xive au xvie siècle, l'aliment de notre poésie nationale.

Mais avant les jours de la Révolution française, avant le triomphe de Diderot et de Rousseau, on ne pensait pas qu'une société pût vivre sans l'institution de grandeurs fictives et d'une cérémonie du respect social ; pas plus qu'on n'admettait que le peuple pût être moral sans croire à certaines légendes.

Descartes, dont la dialectique sévère rayait toute la théologie d'un trait de plume, posait toutefois comme première règle de morale pratique le respect de la religion établie.

L'homme de mérite, en s'inclinant devant les grandeurs d'établissement et d'apparat, ne se sentait point humilié. Il déclarait, au contraire, que c'était une sottise et une bassesse d'esprit de leur refuser *les devoirs*.

Il faut entendre avec quel dédain Voltaire lui-même, si près de nous, traite les *polissons* qui se mêlent des affaires de l'Etat ou heurtent les bienséances consacrées.

Montesquieu, sous l'empire de l'idée reçue, écrit, dans cet ouvrage sincère qui est le point de départ de notre conception du droit, *De l'esprit des lois* :

« Dans l'état populaire, on divise le peuple en de certaines classes. C'est dans la manière de faire cette division que les grands législateurs se sont signalés ;

et c'est de là qu'ont toujours dépendu la durée de la démocratie et sa prospérité. »

———

Cependant Montesquieu avait écrit cette définition auguste de la loi, définition qui porte au delà de son œuvre :

« Les lois, dans la signification la plus étendue, sont les rapports nécessaires qui dérivent de la *nature des choses* ; et, dans ce sens, tous les êtres ont leurs lois : la divinité a ses lois, le monde matériel a ses lois, les intelligences supérieures à l'homme ont leurs lois, l'homme a ses lois.»

Si l'homme *a ses lois*, il ne les fait point à sa fantaisie, et ces ressorts extraordinaires, ces fictions, ces établissements habiles que Montesquieu lui-même croit nécessaires au développement des sociétés, ne sont que des substituts défectueux mis par l'ignorance à la place des organismes naturels, ou des lisières imposées à l'enfant par des mains sages, jusqu'au jour où il aura grandi.

———

Entre notre conception de la démocratie et celle à laquelle s'arrêtait encore Montesquieu, il y a toute la distance du droit du citoyen à celui du pupille.

Nous avons, sans restrictions ni prérogatives pour personne, remis à tout le peuple le pouvoir de gérer les affaires de la nation et celles des particuliers ; celui, plus haut encore, de contrôler à son gré et de refaire toutes ses idées.

On avait entendu, jusqu'à ce siècle, par démocratie, une de ces constitutions sorties toutes faites des mains des fabricants de législation.

Notre démocratie à nous sort du creuset des choses

par l'épuisement et le rejet de toutes les enveloppes fictives de la législation de main humaine aussi bien que de la morale révélée.

Elle n'est pas une forme de société; elle est la société.

Elle n'est pas une forme du droit; elle est le droit.

Elle n'est rien qui se puisse comparer à quoi que ce soit qui ait eu vie. Elle est profonde comme l'infini, obscure comme l'absolu.

Jusque-là le maître, armé de sa règle, avait dit au peuple enfant :

— Voilà où vous irez et voilà où vous n'irez pas. Vous ne toucherez pas au feu de peur qu'il ne vous blesse. Vous ne monterez pas sur la hauteur, de peur d'être pris de vertige et de tomber. Vous ne regarderez pas la foudre en face : vous y perdriez les yeux.

— Cette cour sera pour le jeu, et cette salle pour l'étude, et cet atelier pour le travail. Vous apprendrez la discipline et observerez les heures réglées, ce qui est l'hygiène du corps et le salut de l'âme. Vous écouterez la parole du maître et la croirez. Vous verrez ce qu'il vous montrera; le reste est au delà de votre vue.

Et l'enfant a cru, il a fermé les yeux; douce ou rude, il a suivi la pente.

Puis l'heure de la majorité des nations occidentales a sonné. Un grand cri dans le ciel, du côté de la France, a retenti. L'homme, effaré, s'est levé sur son séant, a regardé autour de lui.

Il n'a vu que la nature poursuivant son œuvre éternelle et le ciel immense.

Il a senti la faim et demandé le pain.

Le pain est à faire.

Le feu, le foyer, l'outil, tout est à créer par ses mains.

Il cherche vaguement dans sa mémoire les formules négligemment apprises et recule épouvanté de son vide :

— Que sais-je?

———

Oh ! certes, l'image évoquée est trompeuse. Ce n'est ni l'outil, ni le foyer, ni le vêtement qui fait défaut.

La maison est belle et spacieuse.

Le champ regorge de biens.

Une magicienne, la science, a prévu le moment redoutable de l'émancipation.

Elle a créé des ressources nouvelles, des engins nouveaux.

La nature par elle est pour l'homme plus riche, plus aimable et engageante que jamais.

Elle offre à sa lèvre altérée tous les trésors, mais au moment où il s'avance pour cueillir le fruit du bonheur :

— Homme ! dit la nature, tout ceci est à toi, mais à une condition.

— Laquelle?

— Sois ton maître.

— Et pour cela que faut-il faire?

— Connais-toi toi-même !

———

O la condition terrible !

O que de sang et de larmes ! que de désespoirs dans ce seul mot ! O énigme plus ténébreuse que celle du Sphinx !

Il était facile à Socrate, dans les beaux jardins d'Athènes, devant l'œuvre naissante de Phidias, de philosopher avec ses disciples et de dire à la raison contemplative :

— Connais-toi !

Mais moi, pauvre homme, voué à la peine, porteur de pierres lourdes, fouilleur du sol épais, attaché à la ferraille, le front serré par l'effort du travail, les mains dures et calleuses, baissé tout le jour sur la matière, et à l'heure du repos l'âme opprimée par le gantelet poignant du besoin : ... que puis-je penser, savoir, apprendre? Que me demandes-tu là, Nature?

— Eh bien! si tu ne te connais toi-même, si tu n'es conscient, si tu ne comprends ton devoir et ton droit, en un mot si tu n'es digne de ta liberté, si tu n'es homme, je lâcherai sur toi le vautour de la force, tu serviras à des maîtres imbéciles et lâches, tu seras la proie des bêtes impures, ton sommeil tourmenté et affamé sera peuplé des fantômes hideux de la fièvre, et quand tu le secoueras, dans ton épouvante, ta main sera tachée de sang. Misérable, tu auras broyé la tête de ton frère.

Hélas! ce ne sont pas là des figures de rhétorique, ce sont des réalités encore frémissantes autour de nous. Chacun de ces mots couvre des noms et des dates. Et rien n'est fini. Qui le pourrait croire? A l'intérieur, à l'extérieur, qui est sûr du lendemain?

On a nommé une autre époque une *halte dans la boue :* celle-ci, depuis deux ans passés, qu'est-ce autre chose qu'une *halte dans le sang?*

Nous nous sommes réveillés après Sedan, sans constitution politique, sans autres principes d'Etat que la honte au cœur.

L'Espagne, à notre porte, nous donne l'instructif spectacle du degré de désordre et de faiblesse où peut tomber une nation.

A cela près que, depuis mai 1871, nous ne combattons plus entre nous les armes à la main, notre confusion politique et morale n'est pas moindre.

Au dedans comme au dehors, nous sommes le jouet des tourbillons de *l'accident*, faussement dénommé *droit de la force*.

La force est l'être en acte et manifeste selon leur nom toutes les puissances organiques de la vie.

Les masses aveugles et sourdes qui marchent à la destruction des idées sous le sceptre des despotes du Nord ou sous la baguette de nos charlatans, ne manifestent pas la vie, mais la mort.

———

Il faut avoir le courage de tout dire.

Il ne faut pas craindre de sonder le fond de la plaie, lors même que cette plaie est notre propre chair.

Malheur à qui se repose sur des chimères ! Le lendemain, pour lui, sera pire que la veille, et l'amertume des déceptions intérieures viendra s'ajouter à la dette dévorante des heures perdues.

Or, nous avons remis au peuple la charge de ses destinées, et nous nous sommes dit :

— La Révolution française est accomplie. Son œuvre est bien. Reposons-nous.

Citoyens, nous nous sommes trompés.

L'heure qui a sonné n'est pas celle du triomphe et du repos, mais celle de la vigilance et de la lutte.

———

De toutes les tyrannies, celle des foules inconscientes est la plus brutale, en même temps qu'elle est la plus aveugle et la plus folle.

Cette tyrannie, qu'elle s'exerce par des délégués ou qu'elle soit directe, n'en est pas moins lourde.

Quand tu as investi un homme de ta force, tu subi

comme citoyen tout le poids de la tyrannie que tu exerces collectivement.

Chacun disserte sur le même objet, dont il n'a que faire, se repaît d'opinions, et, quand il faut agir, se donne un maître.

Le terme de tous ces beaux discours que nous aimons en France, c'est une recrudescence de tyrannie.

— Le mal des révolutions en France, nous dit avec grand sens l'*Examiner*, est qu'elles ne font que battre les cartes du pouvoir, sans avancer la cause de la liberté nationale et individuelle.

Et ailleurs :

— Les Français crient à la tyrannie contre un parti, non parce que c'est la tyrannie, mais parce que c'est ce parti.

—

L'Angleterre n'est pas encore arrivée au suffrage universel : elle y arrive.

La question s'agitait récemment devant la Chambre des communes, non pas dans sa teneur absolue : ce n'est pas la manière anglaise; mais dans une de ses positions successives.

Il s'agissait seulement de franchir une des étapes qui mènent au but, en accordant aux comtés, c'est-à-dire aux campagnes, l'extension du droit de suffrage dont les villes sont déjà en possession.

Un homme politique, esprit libéral et clairvoyant, a parlé ainsi :

— Je crois que l'extension du suffrage proposée est dans la force des choses et qu'il y faudra venir tôt ou tard. Pour moi, je la voterai quand j'aurai obtenu l'assurance que ce ne sera pas une pure confirmation de l'omnipotence des majorités; qu'en reconnaissant à tous les citoyens le droit de suffrage, on ne privera pas en réalité de représentation des fractions importantes de la cité; que l'augmentation du nombre des électeurs ne sera pas simplement l'augmentation du nombre de nos tyrans.

—

M. Fawcett demande avec raison que les minorités soient représentées dans les assemblées souveraines.

Mais la souveraineté des assemblées en sera-t-elle moindre, et qu'aura-t-on obtenu par là de plus qu'une répartition plus équitable des instruments de tyrannie?

En France, les hommes qui, sans se prémunir contre le césarisme, ont remis, il y a vingt-cinq ans, toute la puissance politique au suffrage universel, et, à l'imitation des anciens Gaulois, se sont jetés la poitrine découverte au-devant des légions de César, ont paru comprendre leur faute, sous l'empire.

Ils ont alors crié que la République n'est pas de droit contractuel, mais de droit supérieur et absolu, — en langage théologique, de droit divin.

Aujourd'hui que nous avons une République nominale, ils caressent de nouveau le suffrage universel.

Que la droite obtienne la majorité dans la prochaine chambre, ils invoqueront de nouveau la République de droit divin.

Sans doute, la République est le gouvernement idéal d'une démocratie bien ordonnée. Mais au fond, monarchie ou république, le nom importe peu, si nous n'avons, sous l'un ou l'autre nom, que la réalité du despotisme.

—

Donc, pas d'illusions et pas d'ambages.

Nous sommes en démocratie, nous y sommes pleinement. Et la démocratie, telle que nous la voyons, est chose laide.

Ceux qui prétendent remonter le courant sont des insensés; mais ceux qui s'y abandonnent et s'y trouvent aises, sont des désespérés qui se complaisent dans la mort.

La démocratie n'apporte pas plus à un peuple la fin de ses maux, que l'âge viril n'apporte à un homme sa subsistance gagnée.

Ce n'est pas la solution des difficultés : c'est le commencement des devoirs.

La vie publique, dans une démocratie, réclame autant du sagesse que dans un autre Etat, et ne l'y réclame pas de quelques citoyens seulement, mais de tout le peuple.

Tel est le problème démocratique.

Or, pour le résoudre, inutile de courir après les théories des savants, après les promesses des habiles.

Inutile de changer de maîtres.

Attendre le gouvernement qui guérira les maux du peuple, c'est attendre que la rivière ait cessé de couler.

Peuple, n'attends que de toi-même ta guérison.

Plusieurs des tiens, déçus par tes prétendus amis, m'ont demandé ensuite avec tristesse :

— A qui donc se confier désormais ?

Je leur réponds :

— A personne !

La défiance à l'égard des héros sauveurs est le commencement de la sagesse démocratique.

Notre ennemi, c'est notre maître, quel qu'il soit, un ou plusieurs. Je suis là-dessus de l'avis du vieux La Fontaine.

La liberté est le tout de l'homme. Et je n'entends pas cette liberté aléatoire que les gouvernements taillent et rognent à leur plaisir, et que les partis se refusent l'un à l'autre, mais une liberté située au-dessus des atteintes de la politique et des caprices de l'occurrence.

Ce ne sont ni des affiches sur les murs, ni des mots sur le papier, ni des discours à Versailles qui vous donneront la liberté. Ses garanties ne sont pas hors de vous : elles sont en vous-mêmes. Vous serez vraiment libres devant César quand vous le serez devant vous-mêmes, et il n'existe pas pour vous d'autre moyen d'être libres.

La liberté de chacun tendant à empiéter sur celle d'autrui, quiconque cesse d'exercer sa liberté devient esclave, et à bon droit.

Le renoncement à la liberté est l'origine de tout désordre intérieur, de toute faiblesse devant l'étranger. Pour vous soustraire aux maux qui vous oppriment au dedans, pour redresser le front de la nation humilié devant l'histoire, un seul recours vous est ouvert :

— Soyez libres !

La liberté se conquiert et se garde : elle ne s'octroie pas.

Le premier droit et le premier devoir du citoyen, c'est d'être armé.

Son second droit et son second devoir, c'est d'exécuter et de faire exécuter la loi en ce qui le touche.

Je définis la liberté : le pouvoir possédé par chacun de faire respecter la loi en sa personne.

Tant qu'il existe une juridiction supérieure, use de ton recours.

Mais là où la garantie sociale s'arrête, où tu n'as

devant toi que la force, use de la force ; c'est la résultante des forces qui fait le droit.

Lors donc que la loi te paraît injuste et sévère, homme, respecte la loi ; législateur, modifie la loi en suivant les prescriptions de la loi.

Mais quand la loi est violée, mets la force au service de la loi.

Quand il n'y a plus de loi, fais sortir la loi de ta conscience et de ta force.

———

Pour exercer ce droit et remplir ce devoir, il ne te suffit pas d'avoir le corps armé. Il te faut encore avoir l'esprit et le cœur armés.

Et tu n'y parviendras ni par l'audition des discours, ni par la lecture des journaux, ni par l'étude des livres.

Ou tu ne les comprends pas, ou ils te parlent d'autre chose, ou ils mentent.

Je suppose qu'un sur mille ne soit pas de nature à t'égarer : qu'en sais-tu ?

À moins de passer ta vie à suivre leurs tours et leurs retours, qui peut te diriger dans ce dédale ?

Confie-toi donc à toi-même ; non à toi être isolé, te heurtant à l'inconnu, te perdant dans le vide ; mais à toi, membre de ta *famille*, de ton *atelier*, de ta *cité*.

Les droits et les devoirs que ton imagination ne peut créer, ni ta raison définir, ces trois milieux réels, qui enferment toute ta vie, te les apprendront.

———

Résumons tout cela.

Démocratie : nous y sommes et rien ne peut faire que nous n'y soyons pas, et tout effort pour instituer parmi nous autre chose qu'un régime franchement démocratique est désormais puéril.

Mais la démocratie n'est, par elle-même, qu'un état social ni mauvais ni bon, susceptible de devenir l'un ou l'autre, selon la sagesse et la vertu des citoyens, ou leur imprudence et leur lâcheté.

Le propre de cet état, c'est que tout y dépend de tous, et que la tyrannie du nombre n'y a d'autres limites que celles qui lui sont marquées par la conscience de chacun.

Mais il ne s'agit pas d'une conscience abstraite et telle qu'elle peut résulter de la lecture d'un article de journal ou du mot d'ordre d'un parti. Cette conscience-là n'est qu'une servilité de l'ignorance.

La conscience qui appartient à chacun et qui est vraiment lui-même est celle qui résulte de sa vie personnelle dans les trois milieux qui contiennent tout l'homme :

— La famille, l'atelier, la cité.

D'où il résulte que, pour le citoyen, la connaissance de ses droits et de ses devoirs, et pour l'Etat, les garanties réciproques de l'ordre et de la liberté, dépendent de la constitution de ces trois milieux, de ces trois mondes.

—

Or il est clair que la bonne constitution de la famille et de l'atelier dépendent de la bonne constitution de la cité, qui les renferme comme elle renferme le citoyen.

La solution du problème démocratique se ramène donc essentiellement à la bonne constitution de la cité.

Or la cité n'est ni la province ni la nation, auxquelles le citoyen est rattaché par des intérêts, des droits, des devoirs généraux, mais au sein desquelles sa vie particulière ne s'évolue qu'idéalement.

La cité vraie, — rurale ou urbaine, — milieu réel du citoyen, concrétion de ses habitudes, de ses relations, de ses affections, de ses intérêts naturels, sa gangue in-

tellectuelle et morale, ce qui lui donne la forme, ce qui
le définit, ce qui le complète, ce qui le rend homme et
libre, ce qui le fait être :

— C'est la *commune*.

La commune, ainsi que toutes les synthèses vivantes
ou organiques (ce qui est un), contient deux principes
opposés.

On dirait, dans l'école, antinomiques.

Elle a deux visages, selon qu'elle regarde le droit de
la nation ou celui du citoyen.

C'est pour avoir confondu ces deux visages qu'on
leur a prêté à tous les deux d'étranges grimaces.

La commune est l'Etat rudimentaire, et, comme
telle, est soumise à toutes les volontés de l'Etat, relève
de l'Etat, n'exerce aucune autorité qui ne lui soit délé-
guée par l'Etat, c'est-à-dire par la nation politique.

La commune est le groupement naturel des citoyens,
le lieu de leur droit, et, comme telle, exerce contre la
nation toutes les revendications qui appartiennent au
citoyen.

La commune doit-elle être armée ?

Oui et non.

Non, en tant qu'unité administrative, la nation seule
disposant de l'autorité publique.

Oui, en tant que groupement naturel des citoyens,
puisque le premier droit et le premier devoir du citoyen est d'être armé.

Otez à la commune le premier de ces caractères : il
n'y a plus de nation.

Otez-lui le second, il n'y a plus de citoyens.

Donnez-lui les deux, vous avez la vie et l'harmonie
du corps social.

La doctrine qui enseigne cela s'appelle *communa-
lisme*.

Simples définitions jusqu'ici.

Mais avançons.

Toutes ces distinctions vont s'éclaircir; tous ces termes, prendre corps.

Ce ne sont pas des fictions que nous décrivons : ce sont des êtres.

Et des êtres prouvent leur existence par le fait qu'ils remuent.

En vain les aurais-tu condamnés, science imbécile!

En vain les aurais-tu cloués au poteau, politique aveugle et inféconde !

La vie est là, plus haute que vos décisions, plus forte que vos liens.

Et je vous le dis comme Galilée aux juges de son temps, lorsqu'ils eurent décrété l'immobilité de la sphère terrestre.

— Celle que vous croyez dans le sépulcre remue ! *E pur si muove.*

———

La fin de la démonstration viendra en son temps. Nous n'avons aujourd'hui regardé qu'un point, qui est celui-ci :

— Il n'y a pas de liberté dans la démocratie, pas de réalité pour la République, hors d'une constitution nouvelle de la Commune.

8 septembre 1873.

Paris. — Imprimerie moderne, Barthier, d', rue J.-J.-Rousseau, 61.

ÉTUDES COMMUNALISTES

Par Junior

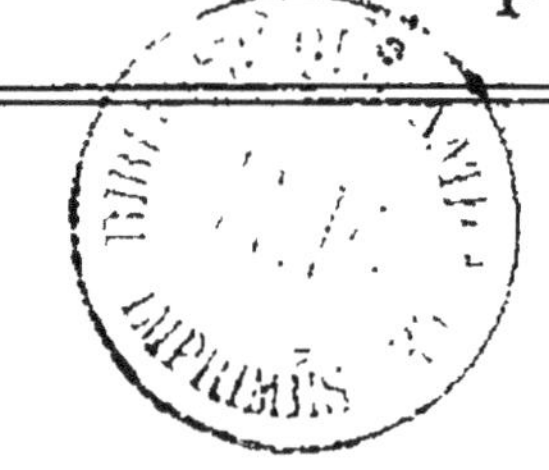

II

NATION

Les organismes vivants, à quelque ordre qu'ils appartiennent, n'accomplissent leur œuvre qu'autant qu'ils affirment leur réalité respective, et qu'ils résistent à la promiscuité communiste, cosmopolite ou unitaire.

La vie de chaque organisme dépend d'un double mouvement : centrifuge pour conserver l'individualité, centripète pour constituer l'unité.

Il y a des fous qui veulent des citoyens sans nations.

Il y a d'autres fous qui s'accommoderaient de nations sans citoyens.

Lesquels sont les plus fous ? Je ne sais. Mais assurément, si le bon sens public et la force des choses ne venaient contrarier leurs visées, ils aboutiraient au même point, qui serait la suppression de l'un et de l'autre terme.

— On l'a dit et répété à satiété depuis Hobbes : Une nation, un état, est une personne collective, douée, comme l'individu, d'une vie propre, qui a sa liberté, son caractère, son génie, sa conscience, et, par conséquent, ses droits, dont le premier et le plus essentiel est le maintien de son originalité, de son indépendance et de son autonomie.

— Qui dit cela ? — C'est Proudhon, *La guerre et la paix*, livre II, chapitre VIII.

Et il faut croire qu'on ne l'a pas encore assez répété depuis Hobbes, puisque Proudhon lui-même, dans la suite de ses analyses, ne fait sur cette proposition catégorique aucun fond.

La proposition de Hobbes me paraît si claire, si rigoureuse, si importante, que je suis toujours tenté de demander aux gens, quand il s'agite devant moi quelque question politique :

— Admettez-vous la proposition de Hobbes, ou ne l'admettez-vous pas ?

Si vous ne l'admettez pas, je m'étonne peu que vous déraisonniez en sociologie et en politique.

N'ayant point de support réel, je ne suis pas surpris que vous tombiez.

Et jusqu'à ce que vous ayez pris pour support cette solide et unique base, je n'ai nul désir de m'aventurer en votre compagnie.

Mais si vous l'admettez, monsieur, comment arrive-t-il que vous ne déduisiez d'un tel principe aucune de ses conséquences ?

Car si une nation est, en effet, un organisme vivant, un être doué de caractères distincts, sujet à des lois, toute étude sociologique et politique devrait avoir pour point de départ la description de ces caractères et la connaissance de ces lois.

Or je vous vois tous occupés, vous, vos écoles et vos livres, à chercher dans vos conceptions idéales ce qui satisfait votre sens propre et à faire effort pour nous en gratifier, comme si ce bas monde était une table rase où il fut loisible à l'imagination et à la dialectique humaines d'inscrire ce qu'il leur plaît.

Irrités du désir de ce qui devrait être selon votre opinion, vous ne regardez pas ce qui existe, ce qui est nécessaire, ce qui se produira qu'on le veuille ou non, mais de telle ou de telle manière selon que la raison y aura concouru ou non, et vous négligez d'y jouer la partie réservée à l'intelligence, tandis que vous vous roidissez contre la nature des choses,

---

Une nation est un être. Cette proposition admise, a pour conséquence immédiate que *l'humanité est la collection de ces êtres.*

Je ne prétends pas impliquer par là que l'humanité elle-même n'est pas un être : proposition que je ne considère pas ici, que je n'infirme ni n'affirme ici. Car peu importe,

Je dis que ceux qui rêvent une humanité non composée de nations distinctes, différentes dans leur génie et dans leurs mœurs, indépendantes entre elles et autonomes, rêvent un être privé de ses éléments constitutifs, et à l'humanité telle qu'elle est, substituent une pure fiction.

Serait-ce que l'humanité a jusqu'à présent offert ce caractère de multiplicité et doit de la multiplicité s'élever à l'unité ?

Ceux qui parlent de la sorte ne se placent plus sur le terrain des faits, mais des idées. Aux idées de répondre.

Multiplicité, unité, ne sont pas deux termes contraires qui se détruisent l'un l'autre et se puissent remplacer l'un l'autre. Ce sont deux termes opposés et nécessaires l'un à l'autre.

La multiplicité sans l'unité, serait le chaos; l'unité sans la multiplicité, serait l'inertie de l'absolu.

Pascal a dit de même, dans un autre ordre :

— *Unité, multitude...* La multitude qui ne se réduit pas à l'unité est confusion : l'unité qui ne dépend pas de la multitude est tyrannie.

———

Mais vous ne supprimez pas la multiplicité en rompant ce que vous appelez les douanes morales et politiques des peuples de la terre : à défaut des nations, les individus subsistent.

D'accord. Quel désir vous pousse, les extrêmes admis, à supprimer le moyen *nation?*

Celui de libérer les individus ? Il vous faut alors renverser votre idole humanitaire, Moloch informe, dont la tyrannie sans contrepoids divers et opposés, deviendrait absorbante et dévorante : il vous faut vous tenir à la multiplicité, c'est-à-dire à la confusion.

Celui de fortifier l'unité ? Vous êtes amenés à détruire toute liberté individuelle, qui deviendrait une cause de convulsions perpétuelles au sein de cette prodigieuse et unique autorité ; il vous faut arriver à la tyrannie absolue, à l'inertie.

L'ordre humain, ordre le plus complexe que nous connaissions, ne se laisse pas ramener à deux termes.

Le rapport direct de l'homme-individu à l'homme-humanité, n'est qu'idéal.

L'édifice humain se compose de *plusieurs* étages naturels, et la nation en est un.

———

Ce point est fondamental.

Reprenez tous les systèmes de philosophie, anciens

et modernes : vous avez en main la pierre de touche qui vous permet d'en faire une juste critique.

Reprenez l'histoire. Demandez à la Grèce, à Rome consulaire et à Rome pontificale, à Charlemagne et aux Hohenstaufen, à Tamerlan, à Charles-Quint, à Napoléon, la cause fatale de leur chute.

Lisez les discussions profondes et graves des évêques du IXe siècle, sur le démembrement de l'Empire.

Demandez au schisme du XIVe siècle, à la réforme du XVIe, leur secret.

Demandez à l'Italie et à l'Allemagne pourquoi elles naissent à l'heure où les prophètes mystiques du socialisme clament que les nations doivent, comme vieilles enveloppes du semen fraternitaire, se détendre et s'évanouir.

Les nations ont des limites nécessaires. Leur nombre est nécessaire. Leurs oppositions entre elles sont nécessaires.

Toutes les fois qu'une nation s'est ingérée de former un trop vaste empire, elle a péri par diffusion. La force centripète a été vaincue par la force centrifuge : l'empire s'est dissous, et le conquérant, épuisé par son essor anormal, est rentré dans le sommeil de l'histoire.

Toutes les fois qu'une nation, ne rencontrant plus de contradiction suffisante autour d'elle, s'est enfermée dans sa vie intérieure, elle s'est résorbée. La force centrifuge a été vaincue par la force centripète. L'inertie, l'engourdissement ont stupéfié le système nerveux. L'ossature s'est fossilisée.

Les nations, avant que les rapports sociaux fussent

entre elles étendus, constants et réguliers, ont vécu et sont mortes par les colonies.

Elles ont vécu par la colonisation, moins en raison des ressources qu'elles trouvaient dans un sol neuf, riche en humus, cultivé à bon compte, que du ressort donné par les entreprises extérieures à l'activité intérieure.

Elles sont mortes par les colonies, lorsque, se rejetant sur des ressources d'aventure, elles en ont fait, au lieu d'un instrument de règne et de moralisation, un moyen d'amollissement et d'appauvrissement pour elles-mêmes.

L'Europe du moyen âge a, durant des siècles, attendu son salut de la pierre philosophale, de l'or.

Les théories de Law furent sur le point de nous replonger dans les illusions des millénaires.

En sommes-nous bien guéris?

L'Espagne s'est épuisée par la domination et par les colonies. La Hollande et l'Angleterre ont grandi par la même voie.

Ce qui ne tient pas à la nature des choses, mais à la sagesse des peuples.

———

La colonisation française a toujours eu pour règle de faire vivre la colonie par la métropole.

Par colonie, il ne faut pas entendre le sol colonisé, ni les anciens propriétaires dépossédés, ni les esclaves, les travailleurs contraints par le décret français de 1853, les coolies hindous livrés par les traitants anglais pour remplacer la traite noire, ni, suivant l'expression de Mirabeau, les autres bêtes de somme de la colonie.

La colonie, c'est le colon, quand ce n'est plus le traitant privilégié. Et toutes nos lois coloniales ont eu pour objet d'enrichir l'armateur aux dépens du colon, le colon aux dépens de la mère-patrie.

C'était là le grand scandale du dernier siècle, le cri universel des économistes ét des honnêtes gens quand nous avions des colonies.

A un bout du système la dépopulation de l'Afrique, à l'autre bout l'appauvrissement de la France.

Produit net : la formation de grosses maisons, d'autant plus grosses qu'elles avaient davantage dépeuplé et appauvri, et qui se trouvèrent, après l'abolition des priviléges ecclésiastiques et nobiliaires, la principale force de la nation.

La France aurait péri si elle n'avait pas perdu ses colonies.

Le peu qui lui en reste n'est plus pour elle qu'une cause secondaire de trouble et d'affaiblissement.

———

L'Angleterre a peu à s'occuper du gouvernement de ses colonies.

Elle ne leur lâche rien de sa force.

Elle ne s'imprègne en rien de leur esprit.

Elle fait servir les richesses matérielles qu'elle en tire au maintien de la prépotence d'une classe dans son propre sein.

Elle les abandonnera successivement au moment juste où elles lui deviendraient onéreuses.

Quand elle n'aura plus de colonies à exploiter, il lui restera, dans la concurrence internationale, l'avance énorme de sa richesse, de son activité, de sa bonne éducation.

S'il arrive que l'équilibre s'établisse dans la concurrence, et que l'île britannique soit réduite à l'usage de ses ressources naturelles, il lui restera le recours d'asseoir, sur une énergique constitution, une république sobre et pauvre.

Cet avenir est loin. Lors même que l'Anglo-Saxon perdrait l'empire de l'Inde, il trouverait sur le globe que nous habitons, d'autre besogne.

Son plus grand péril n'est pas de manquer de clients au dehors. C'est de laisser, au dedans, s'énerver les institutions qui font sa force.

Bien éloignés du libre génie de ces entrepreneurs de civilisation qui, partout où ils plantent leur tente, apportent le principe du gouvernement local et de la moralisation par le livre, et se déclarent indépendants sans autre forme en vertu du droit inhérent à tout Anglais, — que sommes-nous allés faire en Algérie?

Une mauvaise action et une mauvaise affaire!

Nous avons pris le Tell algérien pour un champ de course et l'Arabe pour une cible.

Quand nos prétoriens, si chèrement formés, ont été mis en face de l'arithméticien de Berlin, on a vu ce que nous rapportait la chasse au lynx berbère.

L'occupation de la côte africaine par nos armes fut et demeure un expédient d'Etat contre nous-mêmes.

Vous pouvez construire en Algérie des pénitenciers fortifiés. Rien de plus qui dure.

Nous sommes aussi étrangers à l'Arabe que le premier jour de la conquête. Nous pouvons l'exterminer. Nous ne pouvons ni vivre en paix avec lui sur son sol, ni le convertir, ni être convertis par lui.

Avons-nous du sang français à disperser par les routes? Non. Le Français ne peuple pas. Il est parvenu à cet équilibre de population qui est un bien, mais qui n'autorise ni la dépense humaine de 1871, ni l'émigration.

Pour un pays qui nourrit ses habitants et que son étendue et le chiffre de sa population mettent à même de se faire respecter, le jeu de la conquête et de la colonisation est un jeu de dupe.

Nos activités sont suffisamment sollicitées du dehors par la concurrence économique et intellectuelle.

L'humanité mise dès à présent en possession des artères qui la font se sentir vivre, chacun des organismes composants participe de la vie totale.

Inutile de te procurer péniblement des marchés spéciaux, lorsque s'ouvrent d'eux-mêmes devant toi tous les marchés de l'univers.

Ne saurais-tu, homme de la Seine et de la Loire, te résigner à ta perte d'un morceau de l'Asie ou de l'Amérique ?

A n'occuper qu'un des promontoires extrêmes de cette péninsule asiatique qu'on nomme l'Europe, tandis que ton voisin élève des empires et sème des populations par le monde ?

Si tu veux entrer en lutte avec lui par la multiplication de ta race, multiplie.

Si tu ne le peux, navigue dans ses eaux, alimente ses comptoirs.

S'il te devance, fabrique à meilleur marché, travaille plus.

Si tu n'y parviens, travaille mieux.

Si tu ne le sais, rachète ton infériorité industrielle par autre chose.

A défaut des conquêtes par le fusil et par l'outil, aie celles de la justice, de la modération, de la raison.

Au-dessus de la vie matérielle il y a la vie morale.

La nation marchera la première qui, la mieux assise politiquement et économiquement dans son indépendance étroite, rayonnera le plus par ses lumières.

———

Supposons que l'Anglo-Saxon se fût établi à notre place en Algérie ;

Que, fidèle à ses traditions, il y eût constitué depuis trente ans une assemblée indépendante ;

Que la liberté des institutions et des transactions y

eût appelé en grand nombre les émigrants européens et attiré les capitaux ;

Que, grâce à leur concours, le désert se fût ouvert au railway ; que la glèbe aride des grandes plaines se fût fécondée ; que, comme au temps des Romains, l'eau eût surgi des entrailles de Pluton ; que de vastes entrepôts se fussent créés près de la mer ; que l'Afrique eût afflué là avec ses trésors et s'y fût mêlée au courant de la vie générale ; qu'enfin le lac européen fût retourné à son ancienne vie...

La France, si merveilleusement située entre la Grande-Bretagne et ses colonies, entre l'Europe et l'Amérique, eût, sans perdre un homme ni un denier, bénéficié la première de cet accroissement de la vie civilisée.

L'Angleterre, elle, en eût été plus glorieuse sans doute, mais plus jetée en dehors, plus chargée d'affaires générales, plus mêlée à des intérêts divers, plus obligée de compter sur sa ceinture maritime pour dissimuler la faiblesse de son organisme national.

Toute colonie prospère divise les forces de la mère-patrie, et tourne un jour contre le sein qui l'a portée, les qualités qu'elle y a sucées avec le lait..

Quant aux citoyens qui s'expatrient et deviennent soit des agents de cosmopolitisme, soit les greffes d'une nationalité sur un tronc étranger, ils n'apportent là où ils s'entent ou s'établissent qu'un principe de dissolution, à moins d'y être la force inductive qui met en mouvement les germes non encore évolués.

Malgré le nombre des émigrants de tout pays qui encombrent les grandes villes des deux mondes, cette *pénétrabilité* des nations modernes qui sert d'argument aux prédicateurs de désorganisation universelle, s'arrête à la surface.

Dans l'ordre scientifique, soit. Il est international par nature. La science n'a pas de patrie.

Mais là se borne le mélange intime et profond. Chaque nation, sous un même acquis de vérités géométriques, en possession des mêmes notions générales et des mêmes instruments, n'en a pas moins conservé son idéal esthétique, moral, social, religieux. L'Espagnol, l'Anglais, l'Italien, l'Allemand, sont restés aussi Allemand, Italien, Anglais, Espagnol qu'ils furent jamais. Les grands peuples sont toujours impénétrables l'un à l'autre par leur génie.

France, marâtre aux tiens et mère aux étrangers,

s'écriait Ronsard, après d'autres. Le Français, lui, a toujours été amoureux de cosmopolitisme. C'est là son signe distinctif, et auquel il ne renoncera jamais.

Si tous les peuples nous ressemblaient, l'humanité deviendrait confusion.

Heureusement pour nous, tous les peuples ne nous ressemblent pas, et nous sommes limités par leurs limites.

Nous nous brûlons fréquemment au feu fraternitaire, et c'est pour notre amendement et notre bien.

Nous vivons tellement en mode idéal ; nous sommes si prompts à la généralisation, si portés à considérer nos désirs comme universels, à convier le monde à nos agapes, et à prendre la curiosité du visiteur pour de la sympathie et son étonnement pour de l'intelligence, que nous en étions venus, avant 1870, à nous endormir dans la quiétude de notre rêve.

Nous avons été rudement réveillés : tant mieux, si nous avons appris que le premier droit, comme dit Proudhon, et le premier devoir, ajoutons-nous, d'une nation est de préserver son individualité ; si notre amour du cosmopolitisme, maintenu dans l'ordre idéal, ne nous fait pas fermer les yeux sur les conditions vitales de tout organisme politique.

La nature, meilleure gardienne de notre force que notre raison même, nous a conservé les traits caractéristiques qui nous distinguaient au temps d'Alexandre.

Le sang de nos conquérants italiens ou teutons a été promptement éliminé, sauf dans quelques étroits parages, et nous n'avons gardé des invasions étrangères qu'un principe d'ordination politique qui nous était nécessaire et nous faisait défaut auparavant.

Car une nation est le produit de deux principes d'ordre contraire : d'une nationalité qui donne la forme; d'un principe inducteur qui donne la concentration.

Où puiserons-nous aujourd'hui ce principe inducteur, qui paraît encore une fois nous faire défaut?

Si nous ne le trouvions pas en nous-mêmes, dans les virtualités de notre conscience et de notre raison, il serait juste que l'étranger nous l'imposât.

Et qui gagnerait à cette combinaison d'éléments? — Nous-mêmes.

Notre puissance sociale ne saurait être absorbée : elle dévorera et transformera tout ce qui viendra se fondre dans son moule.

La *nationalité* est déterminée par l'origine des races. Il arrive qu'une nation résulte de plusieurs courants ethnologiques et conserve les traces de chacun d'eux. Ici domine le Celte, là l'Ibère; ailleurs se retrouvent les influences kymriques; quelque part, une colonie gothique; plus loin, le Basque. Le voisinage des fortes nations voisines se fait sentir sur les frontières.

Les provinces frontières ont ainsi un caractère plus ou moins hybride. Leur patriotisme est plus exalté que celui des provinces centrales. C'est là une compensation des tendances séparatistes qui les sollicitent par position, une application de la loi d'équilibre entre les deux forces centripète et centrifuge du corps national.

Il peut arriver que la seconde de ces forces vainque la première. Alors il s'établit entre les grandes nations des lisières politiquement indépendantes, vivant d'une double vie qui ne leur est pas propre. mais offrant aux Etats antagonistes le bénéfice de l'interposition de limites neutres.

Ce détachement politique de l'enveloppe d'une nation ne se produit pas tant que la force politique de cette nation, et par suite sa supériorité sociale, exerce autour d'elle une puissance d'attraction.

Il peut survenir entre deux Etats d'une force politique et d'un développement social à peu près égaux, sous l'empire d'une circonstance accidentelle dont les effets se sont trouvés durer assez longtemps pour donner aux peuples l'idée d'une combinaison nouvelle également avantageuse pour les grands et les petits Etats : les frontières de ceux-là cessant ainsi d'être en froissement et les petits États intercalaires, de servir de paume, ou de ballon dans le jeu des princes et des empires.

Mais ces accidents de la limitation politique des fortes nationalités n'enlèvent rien à leur virtualité intérieure, ne font, au contraire, que la confirmer et la resserrer.

Une nationalité concentrée par la sagesse des hommes ou des choses n'est pas menacée dans son unité par la différence d'origine des populations, pourvu qu'elle contienne un fond homogène et dominant, par lequel les apports successifs de la conquête active ou passive, les alluvions des races agitées comme les flots de la mer aux primitives époques, soient fixées et sommairement assimilées.

La nationalité se constitue ainsi : premièrement par la race, secondement par la limitation locale, troisièmement par la sympathie.

———

La nationalité est profonde comme l'abîme, ne s'épuise jamais. Où elle cessera, cessera l'homme.

Elle grandit en puissance et gagne de l'éclat par les agglomérations qui complètent et manifestent son génie, devenu l'incarnation intégrale du génie humain.

Mais elle traverse des phases obscures où elle se retrempe dans ses origines. Semblable à la plante cachée au sein de la terre dans la période triste de l'hiver, c'est à l'heure où vous la croiriez inerte et privée de vie, qu'elle prépare sa nouvelle efflorescence.

Et même dans le rayonnement unitaire des grandes nations, chacun des éléments composants conserve la nuance qui le distingue et qui est nécessaire à l'action totale.

Car aucun organisme n'est simple ; les organismes qui le constituent sont, vis-à-vis de lui, dans la situation qu'il occupe vis-à-vis de l'organisme supérieur, et les organismes de même ordre sont à la fois indépendants et reliés ; indépendants pour affirmer leur individualité, reliés pour constituer l'unité.

Laissez s'affaiblir l'un des termes du système, le système entier dépérit.

———

La *province*, qui s'est formée sous l'influence de la nationalité combinée avec les accidents géologiques et ceux de l'histoire, est la nation même sous son aspect multiple et divers.

L. vie provinciale avec ses coutumes particulières, ses idiosyncrasies, ses différences, ses accords et ses discords, est la substance intime, la réalité profonde de la vie nationale.

Hors du jeu de ces nuances, de ces rapports, de ces oppositions, l'unité n'est qu'un fantôme, qu'une apparence.

L'unité que vous demandez à des configurations géométriques sans tradition historique, c'est-à-dire populaire, n'est que nivellement et confusion.

Regardez bien où vous allez, législateurs par le chiffre et le niveau ! Ecoutez cette explication terrible. et cette nouvelle menace :

— Sans provinces, il n'y a pas de patrie.

Ceux qui ont tenté d'effacer, en France, les vieilles circonscriptions provinciales, ont commis sur le corps de la patrie la première mutilation ; et les modernes anabaptistes, les égalitaires niveleurs de l'époque actuelle, qui tentent le second par l'effacement des circonscriptions nationales, ne font que suivre la leçon qu'ils ont apprise.

Ce qui est dit de la nation dans l'humanité, de la province dans la nation, doit être dit de la *commune* dans la province, de l'*individu* dans la commune.

On s'accorde généralement à considérer le canton actuel comme la délimitation naturelle de la commune telle qu'elle doit être.

Cette démarcation existe, elle est ancienne, elle est issue de la nature des lieux et des rapports spontanés des populations. Elle paraît contenir des éléments d'activité suffisant au développement original d'un groupe distinct.

La politique n'a jamais permis à la vie communale de manifester sa puissance, demeurée jusqu'ici faible et latente.

Notre époque a été, en ceci, plus loin que ses devancières : elle a détruit, ou peu s'en faut, le canton, comme la province.

Elle a choisi, pour unité élémentaire, un groupe non viable.

Elle a mis le pauvret, nu, maigre, ahuri, face à face soudain avec le molosse, l'Etat.

Elle l'a infecté d'administration ; elle l'a jeté dans la promiscuité mercantile, pourri de narcotiques moraux, systématiquement décomposé, démoralisé, déprimé, énervé.

Cependant, sans la vie communale développée dans sa liberté et dans sa force, la province n'est qu'un souvenir, et la nation une tête sans corps, une entité vivant d'abstraction, étrangère aux instincts physiologiques, ignorant les lois de l'être, obéissant à sa fantaisie, variant avec son caprice, épousant comme une courtisane le plus insolent et le plus heureux, et se lassant d'une tyrannie pour appeler l'autre.

C'est à la question communale que la question nationale se ramène.

11 septembre 1873.

Paris. — Imp. Moderne, Barthier; d', rue J.-J.-Rousseau, 61.

ÉTUDES COMMUNALISTES

Par Junior

III

LE DROIT DES GENS

> La Force : Saisis-le ; tends de toute
> ta force le lien autour de ses mains ;
> cloue-le au rocher. Serre davantage,
> tire, que rien ne lâche. Car il est terri-
> blement habile à s'échapper de nos
> chaînes.
>
> Eschyle. *Prométhée.*

———◇◇———

La nation française a été un instant près de sa ruine,
sous le Romain Napoléon.

Si cet homme, héros européen, non français, avait
pu mener à fin son projet d'empire occidental, c'en
était fait de notre originalité, de notre existence.

Leipzig et Waterloo nous ont sauvés.

L'Europe l'a senti. Les traités de Vienne, mis par
l'Europe aux pieds de la nation sainte, la préservaient
dans son intégrité, dans son principe ; faisaient plus :
subordonnaient l'équilibre général au maintien sur le
sol français de l'alliance du vieux droit monarchique
avec le nouveau droit révolutionnaire, français tous les

deux. L'existence nationale de l'Allemagne et de l'Italie était sacrifiée au maintien de l'unité française, antique représentant de l'ordre èuropéen.

De 1815 à 1871, la distance parcourue est grande.

Certes, nous n'avons pas ouvert à l'étranger les portes de Paris aussi larges que le firent les généraux et les ministres de Napoléon.

Mais, sauf ce point, quelle déchéance !

Ce n'est plus un empereur à la mode asiatique, usant de nos qualités nationales comme d'une arme à son service, que nous avons vu réduit par l'Europe coalisée à nous laisser reprendre possession et sentiment de nous-mêmes.

C'est la nation française dépouillée de son prestige traditionnel, que nous avons vue foulée aux pieds de la nation allemande agissant seule et traitant sans ambages sa propre affaire.

D'une époque à l'autre, il s'est accompli une grande révolution dans les idées et dans les mœurs.

Le régime des conventions internationales a été remplacé par celui du droit positif ou droit de la force.

Une certaine théorie du droit de la force dont on a fait grand bruit à notre époque, n'est point nouvelle.

Les Athéniens répondaient aux protestations faites par les Méliens au nom de l'équité, en l'an 416 :

— Les dieux, par une nécessité de la nature, dominent parce qu'ils sont les plus forts ; il en est de même des hommes. Ce n'est pas nous qui avons établi cette loi ; ce n'est pas nous qui, les premiers, l'avons appliquée ; nous l'avons reçue toute faite, et nous la transmettrons pour toujours aux temps à venir. Nous agirons ainsi maintenant, conformément à cette loi, sachant que vous-mêmes et tous les autres peuples, si vous aviez la même puissance que nous, vous tiendriez la même conduite.

Pour la Grèce du ve siècle, la notion d'une humanité concrète n'est pas née.

Aux yeux d'Aristote lui-même, l'étranger est hors du droit.

Les rapports des nations ne s'établissent que par la guerre.

L'évangélisation, c'est la conquête. Le commerce, c'est le pillage. L'industrie, c'est l'esclavage.

La nation, non limitée par la reconnaissance du droit des nations étrangères, ne se connaît pas.

Indéfiniment extensible, elle s'est à peine affirmée sous l'empire des nécessités physiologiques, qu'elle tend à se répandre et à se fondre au dehors.

Le concept de la force nationale n'embrasse qu'un seul de ses termes, et, par conséquent, ne peut s'élever à la complexité d'une loi, engendrer une idée raisonnée, une idée d'ordre.

Le Grec possède une définition merveilleuse du citoyen ; il pousse à l'extrême la distinction des rapports multiples sur lesquels se construit la cité ; il satisfait son instinct supérieur d'humanité en admettant l'étranger, comme hôte, au droit du foyer...

Mais à l'individu s'arrête son respect de l'humanité. Toute construction politique extérieure à la sienne est pour lui seulement un danger qu'il lui faut écarter, un obstacle qu'il faut qu'il brise. Aucune notion d'ordre universel n'intervient pour régler ce genre de rapports. L'intérêt à courte vue de la cité ou de la nation est seul consulté. La raison d'Etat, privée de toute base hautement spéculative, se traîne dans le sentier de l'instinct, et la raison philosophique et religieuse, privée elle-même de supports externes, ne trouve rien à opposer à la raison d'Etat.

—

Voilà où en était la société grecque, où en étaient toutes les sociétés humaines, au ve siècle avant l'ère chrétienne.

Rien n'a-t-il changé depuis cette époque ?

L'ère dont je viens d'écrire le nom, ne représente-t-elle rien devant l'histoire ?

L'ère révolutionnaire, où nous sommes, c'est-à-dire l'ère du rail, du fil électrique et du papier, est-elle non avenue ?

Le monde n'a-t-il pas agrandi, reconnu ses limites ?

N'y a-t-il pas eu un empire romain, suivi d'un autre, de deux autres même : celui d'Aix-la-Chapelle, celui du Vatican ?

N'y a-t-il pas eu la France protectrice de l'univers chrétien au moyen âge ?

N'y a-t-il pas eu les projections du génie saxon sur toutes les terres, et Gama et Colomb ont-ils paru en vain ?

Est-ce en vain que Voltaire a prêché la tolérance à toutes les Églises, l'humanité à tous les peuples, et que nos pères ont mis au-dessus de la raison des Etats, le droit des individus ?

—

C'est en vain.

Le vieux droit de la force est aujourd'hui plus absolument et systématiquement que jamais proclamé par les philosophes, pratiqué par les politiques. Révolutionnaires et conservateurs marchent là sur le même terrain ; Thiers y donne la main à Blanqui, et l'écrivain socialiste Proudhon, au chancelier impérial Bismarck.

Par une sorte de consentement universel, les jugements de la guerre, ceux du scrutin et ceux du combat
économique, supérieurs eux-mêmes à tout principe de
droit, deviennent la source de tous les droits.

Sous le règne de la force, telle qu'elle est comprise,
il n'y a de sécurité pour personne, ni dans la cité, ni
hors de la cité. *Nusquam tuta fides.* Plus de foi, plus
de garanties nulle part. Une divinité informe et aveugle mène les événements humains et dispose des
nations et des personnes.

Au prince guerrier qui saura réunir la plus grande
force militaire, le pouvoir indiscutable et accepté de
changer à son gré les délimitations des Etats.

Par suite, la nécessité des armements excessifs, et
cette main-mise violente sur l'individu, tyrannie d'invention moderne et la plus lourde que l'homme *déclaré*
libre ait jamais supportée, — la conscription.

De là aussi les troubles civils justifiés par le succès,
la légitimité des coups d'Etat, l'instabilité du pouvoir,
l'oppression de l'intelligence par les masses, la carrière
de la puissance ouverte aux ambitions sans mandat et
aux doctrines sans étude, la subversion des idées et des
mœurs, l'abaissement des mérites condamnés à rechercher le niveau de l'opinion, et cette pente fatale
des énergies de tout un peuple à se confier aux expédients de la politique et à lâcher la proie pour l'ombre.

Ainsi vont les choses sous l'empire de la force. Libre
à la religion et à la morale de rêver à l'écart ; le monde
temporel leur déclare nettement qu'elles n'ont plus à
s'occuper de ses affaires.

———

Il y a là un principe et un fait. Dégageons-les d'a-
bord l'un de l'autre.

Proudhon est certainement l'écrivain qui a le plus
contribué à faire connaître en France le principe du
droit de la force.

A-t-il émergé de ses études sur cette matière une idée claire, une conclusion pratique ? Les vues profondes qu'il a jetées ont-elles éclairé l'esprit public ? Les excellents avis qu'il nous a donnés entre la guerre de 1859 et sa conséquence logique, la guerre de 1870, ont-ils été même aperçus ?

Non. Proudhon a été négligé par ceux qui pouvaient le suivre, follement interprété par ceux qui l'ont suivi, et les illusions populaires de 1871 ne peuvent être reprochées à personne plus qu'à lui, bien qu'il ne les eût nullement autorisées.

Il n'a pas été compris, ce qui ne tient pas seulement à l'inattention du lecteur, mais encore à la subtilité de sa dialectique.

—

Ainsi, quand il parle du droit de la force, il commence par opposer la force à l'intelligence, et lui attribue ce qu'il appelle *un* droit comme à *une* des manifestations légitimes de la puissance sociale.

De là, sans donner une définition nouvelle du mot *force* ni du mot *droit*, il arrive à considérer comme force toutes les virtualités composantes de la puissance d'un peuple et conclut que le droit émane de la force.

Il conclut ? Pardon. Son dernier mot est que la justice, sentiment supérieur inné dans l'âme humaine, est le principe et la fin de la société.

Mais la contradiction n'est qu'apparente. Ce grand mot de *justice* n'a point ici la signification absolue qu'on est habitué à lui donner. L'auteur écarte de sa conception de la justice tout concept idéal. La justice est, suivant lui, « le respect de la dignité humaine, considérée dans l'ensemble et successivement dans chacune de ses manifestations. » Il ne s'agit point d'une dignité humaine attribuée à chacun, quel que soit son caractère personnel, en vertu du caractère d'humanité qui est en lui, ni, par conséquent, du respect dans

l'homme des virtualités qui ne pourraient y être déve-
loppées ou même créées qu'au nom du droit attaché à
ce caractère idéal. La justice est ici corrélative à la
somme et à la spécialité des manifestations de la dignité humaine : c'est-à-dire, en termes plus sincères, de
la force. Car ce que l'auteur veut bien appeler dignité,
n'est au propre, dépouillé de tout rapport idéal et
considéré seulement dans ses manifestations positives et
actives, que la force.

D'où il suit que la justice est le respect de la force,
et que le respect de la force, sentiment supérieur inné
dans l'âme humaine, est « le principe et la fin de la
société, dont il détermine le caractère et la marche. »·

———

Il semble que nous n'ayons guère dû bouger pour
arriver là, que nous en soyons encore à l'affirmation
élémentaire des instincts les plus grossiers, et qu'il ne
fallût pas tant de volumes d'analyse pour prouver ce
point.

Reste, en effet, à reprendre dans leur ensemble et leur
détail toutes les manifestations de la dignité humaine
ou de la force, pour déterminer leur réalité respective
et par là leurs titres au respect.

C'est l'édifice entier de la connaissance et du droit
qui demeure à reconstruire depuis la base.

———

Aussi Proudhon n'a-t-il donné qu'une base, mais
elle est correcte.

Méfiez-vous de ses termes ambigus et de ses conclusions apparentes : posez hardiment le pied sur la base
qu'il vous offre, moins par de premières assises qu'il
ait jetées qu'en déblayant le terrain des constructions
parasites.

Les constructions parasites qu'il supprime ne sont rien de moins que les aspirations libérales sans corps et l'idéal démocratique sans feu ni lieu.

Il fait prendre terre à l'idée. Il prouve l'identité de la justice et de la force, il réconcilie le rêve avec la vie, ce qui doit être avec ce qui est. Il nous oblige à quitter la spéculation abstraite pour entrer au cœur des choses et demander à la réalité des êtres la règle du droit. Au droit *transcendant*, il substitue le droit *immanent*.

En tout cela, il pose le principe, nous laisse les conséquences à déduire, la science à faire.

Comment mesurer les forces, et par elles les droits ? Proudhon ne connaît pour cette détermination qu'un instrument : le phénomène.

La guerre est pour lui la suprême justicière, et s'il annonce un peu prématurément la fin de l'ère militaire, c'est pour substituer au jugement par les armes le combat économique. Il ne supprime pas la guerre, il la transforme.

La justice est ainsi dans un perpétuel *devenir*. Elle ne sort pas de l'ordre empirique. Sous le nom de force, l'homme adore l'*accident*.

Sans doute, Proudhon fait effort pour échapper à la brutalité du fait. Il déclare que la justice, étant un concept, une virtualité, une force elle-même, et la plus haute, entre elle-même dans la lutte et tend à réaliser son idéal. Mais il résulte des définitions données, que cet idéal n'est encore que l'empirisme.

Il tente un autre effort: il veut que l'homme, éclairé sur la moralité de la guerre, c'est-à-dire des jugements par la chose même, en pèse avec sincérité les conditions et échappe ainsi aux verdicts iniques et sans vertu de l'accident. Mais cette conduite rationnelle et prévoyante suppose la connaissance des conditions

qu'il s'agit de poser, c'est-à-dire des virtualités réelles
qu'il s'agit d'introduire dans la lutte, sans surprise ni
supercherie. Or, cet élément *a priori* ne peut être
donné que par un principe non introduit par Proudhon :

— Celui des lois organiques des êtres sociaux, soit
individuels, soit collectifs.

———

Non-seulement il n'introduit pas ce principe, mais
il le repousse, parce que ce principe donne à la justice
une base extérieure à la conscience.

Ce droit immanent dont il parle, n'est pas immanent à la conscience, mais aux êtres; la conscience
n'est que la réflection des rapports observés; elle ne
crée pas les lois, elle résulte des lois, lesquelles sont
sans doute immanentes à leur objet, mais demeurent
transcendantales relativement à la raison de celui qui
les observe.

L'identité du droit et de la force est vraie, pourvu
qu'on élève l'une et l'autre conception jusqu'à celle de
la loi de l'être, qui contient un terme absolu.

———

La nationalité, dit Proudhon, n'a rien à voir avec la
justice, laquelle n'en a cure.

Aussi est-il un grand admirateur des traités de 1815
et du vieil équilibre européen. Sa politique extérieure
en reste là.

La nationalité est un terme absolu qui ne se laisse
pas déduire de la conception innée de la dignité humaine.

De là le dédain de Proudhon à son endroit, et son
amour des traités.

Mais ici les faits ont été plus loin la doctrine, etque

tandis que la doctrine en était aux conventions internationales, l'idéal des peuples et la force irréductible
des nationalités ont transformé le droit européen et
donné la vraie définition du droit de la force en matière
internationale.

Non, ce qui pouvait être considéré, il y a vingt-trois
siècles, comme la base positive du droit, n'a plus
aujourd'hui ce caractère, et les professeurs de Berlin,
en se contentant, pour justifier vis-à-vis de l'Alsace
et de la Lorraine la violation actuelle du droit naturel
des nations, de l'argument rapporté par Thucydide,
se confient à une illusion et commettent un anachro-
nisme.

Ce n'est pas que je repousse comme ayant cessé
d'être exacte la formule abstraite du droit de la force,
telle qu'elle était professée par les Athéniens et telle
que la professe encore aujourd'hui l'école de Hegel.

Le principe n'a pu varier ; mais l'application ne saurait plus être la même, par la raison péremptoire que
ce qu'on appelait la force au temps de la guerre du
Péloponnèse, différait de ce que nous entendons aujour-
d'hui par ce mot.

L'idée de la chose a changé, et, avec l'idée, la réalité
de la chose.

Franchissons les intermédiaires, quelque intéressant
qu'il fût de les décrire, et arrivons de plain saut à
l'idée moderne.

— Dans les organismes de tout ordre, nous dit la
science, la force est identique à la loi immanente de
l'être.

C'est un truisme de dire : Privez l'être des conditions organiques de sa vie, vous le privez de sa force.

Tout acte conforme aux lois organiques de la vie d'un être est une manifestation sincère et réelle de sa force.

Tout acte qui dissone à ces lois ne peut être qu'une manifestation fausse et subversive de sa force.

Par le premier elle s'accroît, par le second elle se perd, ce qui n'est que le résultat, sous l'apparence de la force, d'une faiblesse réelle.

Or, entre les organisations humaines appelées nations, la loi de solidarité est telle, que toutes les fois que les virtualités d'un organisme se manifestent en ordre faux et subversif, les organismes qui sont en relation avec lui souffrent, et que, toutes les fois qu'un organisme opprime les organismes voisins, lui-même souffre.

En sorte que l'exercice réel et normal de la force des nations dépend de l'accomplissement d'une double loi, à la fois extérieure et intérieure. Je dis double loi et non deux lois, car il n'y en a qu'une : celle qui préside au développement interne de la nation et celle qui règle les rapports externes des nations entre elles, — conformes dans toutes leurs données, limite et sanction l'une de l'autre, — sont la même.

—

Sur la définition ainsi donnée de la force, et, par suite, du droit de la force, considérons la nature de l'acte accompli en Alsace et en Lorraine par la politique de Berlin.

Cette politique fait-elle là acte de force, c'est-à-dire acte conforme à la loi du développement organique de l'Allemagne et à la loi identique du développement harmonique des nations européennes, ou seulement acte de brutalité au dehors, de tyrannie au dedans ?

En d'autres termes, l'exécution qui se consomme a-t-elle pour objet l'accomplissement de la loi ou la violation de la loi? A-t-elle pour conséquence logique, en Allemagne et en Europe, l'ordre ou le trouble ?

———

Faut-il regarder l'Alsace et la Lorraine?

Non.

Leur séparation violente de la patrie française, d'une unité politique si fortement constituée depuis des siècles, d'un corps social encore si vivace ; leur annexion violente à l'empire d'Allemagne, à une unité politique encore problématique, à une société qui en est encore à faire preuve de puissance civilisatrice, ne seraient justifiées que par la mort imminente de la France.

L'Alsace et la Lorraine ne peuvent être que des intercalations ou des annexes : leur intérêt est subordonné à celui des deux nations qui se les disputent.

L'argument de Berlin, en ce point, est juste.

———

Mais en ce qui concerne la France et l'Allemagne, c'est-à-dire le fort et le vrai de la question, l'argument de Berlin échoue.

Considérez l'empire d'Allemagne encore dans l'œuf et d'une existence incertaine, d'une population déjà plus nombreuse que celle d'aucun État occidental, mais composé d'éléments sollicités par plusieurs causes à rompre leur agrégation à peine formulée.

La loi dictée par les conditions de la vie organique d'un tel empire consistait à éviter toute immixtion d'éléments externes.

L'annexion violente à ce corps à peine articulé de fragments arrachés à la nation française ne sert qu'à ouvrir au flanc de l'organisme nouveau une plaie inguérissable.

———

Direz-vous qu'on a eu recours à la guerre extérieure, à une guerre nationale (depuis longtemps voulue, préparée, rendue inévitable), pour resserrer l'unité intérieure ? Qu'on a vidé les caisses étrangères pour fortifier l'Etat, pris les provinces pour satisfaire le peuple ; que jusqu'au caractère violent de l'usurpation sert à donner au peuple allemand l'exemple d'une dépendance dont il est solidaire comme vainqueur et dont il demeurera solidaire comme sujet ?

Tout cela est de la politique, non de la force. La nature des choses n'a pas contresigné ces arrangements, ou plutôt ces expédients temporaires.

C'est à des entreprises de cette nature que s'applique bien le jugement de Montesquieu sur la guerre :

« Le droit de la guerre dérive de la nécessité et du juste rigide. Si ceux qui dirigent la conscience ou les conseils des princes ne se tiennent pas là, tout est perdu ; et lorsqu'on se fondera sur des principes arbitraires de gloire, de bienséance, d'utilité, des flots de sang inonderont la terre. »

Du reste, les politiques de Berlin, dans leurs considérants, ont peu parlé de l'intérêt de l'Allemagne. C'est surtout la France qu'ils ont en vue.

Ils disent sa mission dans le monde terminée. Ils la déclarent sortie de l'histoire. Ils en usent avec elle comme l'administration des Domaines fait avec un mort intestat : ils commencent sans gêne le déménagement de son mobilier.

Certes, je le reconnais avec vous, messieurs d'outre-Rhin, si la France a cessé de posséder les facultés organiques qui maintiennent une nation, il est nécessaire et juste qu'elle périsse.

Mais je vous interdis, politiques, de connaître du devenir d'une nation.

Le pussiez-vous comme spéculateurs philosophiques, en suspendant à votre spéculation votre raison d'Etat vous faussez le caractère de l'une et de l'autre.

Un peuple chez lequel la spéculation envahit la raison d'État sort de la réalité.

Quand un peuple laisse exercer au dehors par son gouvernement la fonction de justicier, il abandonne au pouvoir politique ses prérogatives sociales les plus hautes et les plus libres et se livre corps et âme aux aventures.

L'histoire seule juge les peuples et connaît le moment de leur fin, et l'histoire nous dit que tous les peuples qui se sont agrandis outre la juste mesure par l'absorption des nationalités voisines ont péri promptement, et que jamais aucune grande nationalité n'a été détruite et effacée par la force.

———

Pour ce qui est de l'avenir de l'Alsace-Lorraine, trois solutions sont possibles :

Il se peut qu'elle soit entraînée dans la décomposition générale de la France ;

Qu'elle lui revienne par le simple fait d'une reconstitution nationale attestant notre force et d'embarras intérieurs dans l'empire d'Allemagne ;

Enfin, que la situation actuelle se prolonge, que les souvenirs s'affaiblissent et que, sous l'action de circonstances nouvelles, l'Europe en proclame la neutralité.

Mais quelle que soit la solution à venir, elle sera mathématiquement déterminée par notre propre situation.

La question ne dépend ni de la déesse Fortune ni simplement des bataillons à mettre en ligne. C'est pour la France une question de force organique, de développement intérieur.

———

Ceux qui, après nous avoir conduits par leur lâcheté politique à la perte de notre frontière de l'Est, juste châtiment de notre mollesse intérieure, s'imaginent qu'ils la reconquerront par des coups téméraires, montrent qu'ils n'ont pas été suffisamment châtiés. En faisant passer après ce qu'ils appellent l'honneur national ou la justice les questions politiques et organiques, ils prouvent qu'ils n'ont rien compris aux causes non accidentelles de nos malheurs et qu'ils ignorent la réalité de notre situation.

Le devoir de la France vis-à-vis des provinces qui étaient pour nous naguère le sol de la patrie et qui payent aujourd'hui sous la verge de l'étranger une part de la dette contractée devant l'histoire par l'incapacité politique de la classe qui nous gouverne depuis 1795; le devoir, dis-je, qui incombe encore à la France vis-à-vis des patriotes d'Alsace et de Lorraine n'est pas d'arguer puérilement de faux le fait historique. Ce devoir rentre dans son devoir vis-à-vis d'elle-même:

— C'est d'*être*.

———

Comment être? Nous l'avons dit. La question nationale se ramène par l'un de ses pôles à la question communale, et celle-ci à celle-là. Les deux termes *nation*, *commune*, sont inséparables et nécessaires l'un à l'autre. Nous n'avons pas la nation, parce que nous n'avons pas la commune, et réciproquement. Nous n'avons que le despotisme du nombre et de la matière, avec sa conséquence extérieure, le succès de la violence et de l'accident.

La loi intérieure et la loi extérieure, nous le redisons avec insistance, sont là même.

La nation trouve en elle-même la loi de son développement et la règle à suivre dans son action extérieure. Son devoir envers les peuples voisins est identique à son devoir envers elle-même, son droit à son intérêt.

Les nations ne sont pas des êtres de fantaisie, qu'il soit possible de rayer de la série humaine, ni loisible de tailler au gré des conventions diplomatiques.

Qui pense les détruire se détruit, suivant le mot du vieux Frédéric Guillaume :

— Quand ils seront tous fous et coquins, ils partageront la Pologne.

——

La nation est l'individu même dans son développement intégral, et l'humanité même dans sa forme. Ainsi, qui lèse l'individu lèse la nation, et qui lèse la nation lèse l'humanité, c'est-à-dire se lèse soi-même.

Majestueuse identité du droit individuel et communal, du droit national, du droit des gens !

15 septembre 1873.

Paris. — Imprimerie Moderne (Berthier, d°), rue J.-J.-Rousseau, 61.

ÉTUDES COMMUNALISTES

Par Junior

IV

LA GUERRE

> « La guerre, toute la guerre, et toutes
> les conséquences de la guerre. »
> Juillet 1870.

J'ai hâte d'arriver à l'analyse de la constitution intérieure des nations et en particulier de la France.

C'est le point que j'ai entrepris de traiter, et je ne voudrais pas m'en éloigner.

Mais comment définir une nation sans considérer les lois de sa limitation et de ses rapports extérieurs ?

Ce qui a été dit précédemment du droit des gens, nous amène à parler de la guerre, de sa fonction, de son avenir et particulièrement de l'arbitrage pris comme moyen de résoudre les différends des nations entre elles et d'éviter les luttes sanglantes.

Ce sujet est un de ceux qui préoccupent aujourd'hui le plus d'esprits ; il touche à toutes les grandes questions de progrès et d'ordre public : nous ne saurions le négliger, dans ces études, sans laisser derrière nous une grave lacune.

« La guerre, si elle venait à se généraliser, laissant entrevoir sa véritable cause, ne serait qu'un retour au plus affreux cannibalisme. On en a vu un échantillon dans la manière dont a été repoussée l'insurrection de juin 1848...

« La guerre, si on essayait de la faire revivre, serait pour les peuples sans idéal, un réalisme hideux. Ses soldats ont beau faire, ils n'ont plus d'auréole. Malheur donc, malheur à celui qui, méconnaissant l'esprit du siècle, pousserait la civilisation à de nouvelles luttes ! Malheur à la nation qui, s'oubliant elle-même, demanderait aux armes ce que la science seule, le travail et la liberté peuvent donner !

« Pour peu qu'ils réfléchissent, les gouvernements, à l'unanimité, vont déclarer la paix perpétuelle. — Proudhon, 1861. »

« L'état est un être organisé, une force vivante, dont la loi est de s'accroître constamment, à moins qu'une force égale ou supérieure ne l'arrête. Il est absurde d'incidenter ici sur les causes de cet accroissement, si elles sont honnêtes ou illicites, de parler d'ambition, etc. Ces lieux communs sont de purs bavardages. Tout état tend à s'accroître ; en s'accroissant, il menace la souveraineté de ses voisins : voilà le principe. Tout état qui se sent menacé a par conséquent le droit, ou de chercher pour lui-même une compensation, ou de s'opposer à l'accroissement, s'il peut : question de prévoyance et d'opportunité, mais surtout question de force. — PROUDHON, 1861. »

« La guerre est la sanction du droit des gens. Soit qu'elle favorise la conquête ou qu'elle protége l'indépendance ; soit qu'elle subordonne les états les uns aux autres ou qu'elle les équilibre, la guerre est progressive et conservatrice ; elle ne détruit pas les puissances, elle les discipline et les dispose pour un avenir inconnu...

« Quiconque étudie avec un peu d'attention l'histoire de la formation, du développement et de la dissolution des états, s'aperçoit bientôt qu'en moyenne, et à ne juger les événements que sur l'ensemble, ce qui est arrivé devait arriver, et qu'au total, la société étant donnée avec ses lois constitutives et évolutives, la guerre a fait justice.

« De là l'enthousiasme guerrier, la poésie des batailles, la religion des armes, la foi à l'héroïsme. — PROUDHON, 1861. »

Nous rapprochons à dessein ces trois passages. Bien que très-insuffisants pour rendre compte de la pensée de l'auteur, ils montrent assez quelle étendue a dû parcourir sa dialectique, pour arriver à déclarer la guerre désormais impossible et sans causes, — thème qu'il

développe abondamment, — après avoir développé non
moins abondamment celui du caractère divin de la
guerre, source positive de tous les progrès et de tous
les droits.

Nous n'essayerons point de le suivre dans cet effort
prodigieux de dialectique où, d'après nous, il a pleinement succombé.

Cependant, il semble plus d'une fois toucher l'idée
juste, le fil sauveur qui lui eût permis de mieux déterminer la fonction de la guerre ainsi que sa fin.

« L'Etat est un être organisé, une force vivante. »

De cette proposition il fallait déduire l'étude des
lois de cette organisation, de cette force, de cette vie.

La guerre aurait apparu comme le moyen, et la solidarité des nations assises sur leurs bases rationnelles,
comme la fin.

Mais dès que l'auteur ajoute : « .... dont la loi est de
s'accroître constamment, » dans le sens matériel de la
conquête ; dès qu'il donne pour origine et pour fin des
nations, — pour loi, par conséquent, de la force et de la
guerre, — l'accident, il tourne dans le cercle d'une phé-
noménalité vague, dont il lui est impossible de pres-
crire logiquement les limites.

Pourquoi, suivant lui, l'ère militaire est-elle terminée ? Parce que la guerre n'a plus d'objet.

Or quel a été son objet dans le passé ? De faire et

refaire les délimitations des Etats au gré des fluctuations d'une force sans loi.

Mais en quoi les délimitations des Etats ont-elles
cessé d'être soumises aux fluctuations de la force, si
tel fut jusqu'à présent leur destin?

Cette affirmation se produit au moment où se forment l'unité italienne et l'unité germanique, formation
qui devait avoir pour résultat, suivant l'un des principes de l'auteur, un effort d'accroissement indéfini de
la part de l'Italie et de l'Allemagne et un effort de résistance également indéfini de la part de leurs voisins;
cela sans parler de l'instabilité des traités de 1815 et de
toute leur œuvre en présence de ces deux grands faits;
sans parler des convoitises de la Russie, attentive depuis
un siècle à saisir toutes les fautes de l'Occident; sans
parler des mouvements de population des races toura-
niennes, de la désorganisation intérieure des Etats-
Unis d'Amérique, de la future indépendance de l'Inde
avec ses vastes conséquences, de tant d'Etats qui cher-
chent leur équilibre, de tant de nationalités qui essayent
de s'affirmer, de tant d'autres qui préparent dans leur
sommeil les éléments d'une manifestation ultérieure.

Il n'y a plus de causes légitimes de guerre, suivant
Proudhon!

Dites qu'il n'y eut jamais de causes légitimes de
guerre, que la guerre fut toujours inique et monstrueuse, qu'elle fut l'œuvre du despotisme et consacra
le despotisme, qu'elle engendra les inégalités sociales
et tous les maux qui en résultent, qu'issue du paupérisme elle n'a cessé de retourner au paupérisme, qu'il
n'y a point à pactiser avec elle dans le passé pour la
condamner dans le présent, qu'il faut la repousser tout

entière avec toute son œuvre, proclamer au lieu de son *credo* païen la douce fraternité chrétienne, et, pour lui enlever à jamais ses armes et son sanctuaire, détruire ces Etats, ces circonscriptions nationales, ces délimitations de provinces, ces autorités, ces dogmes, ces superstitions qui ont fait tout le mal...

Vous fermerez le livre de Proudhon sur ses plus belles pages, sur ses plus profondes analyses ; mais vous serez plus logique que Proudhon.

Ainsi a fait l'Association internationale des travailleurs. Elle a pris de Proudhon sa conclusion : « La guerre ne peut plus être qu'une guerre sociale, » c'est-à-dire une guerre « pour l'exploitation et la propriété, » — et laissé tout le reste.

Mais elle a manqué son moment dans la guerre de 1870-1871. Si, lors du grand conflit de la France et de l'Allemagne, tous les travailleurs démocrates des deux pays se fussent refusés à une lutte sacrilége, une grande révolution eût été accomplie dans le monde : à savoir, la subordination des forces organiques aux forces morales dans la lutte des Etats. L'Europe entrait dans une phase nouvelle.

Rien de tel ne s'est produit, et l'Internationale, déchue du rang qu'elle pouvait prendre comme Eglise de la religion nouvelle, a roulé promptement dans les bas-fonds d'une politique obscure et odieuse.

———

En pouvait-il advenir autrement? Non. Le moment n'est pas venu de la subordination des forces organiques aux forces morales dans les luttes des États non plus que dans tout autre ordre de concurrence :

Premièrement, parce que l'ordination des forces morales n'est pas faite ;

Secondement, parce que les organismes qui doivent servir d'enveloppe et de corps à ces forces, de base à leur ordination, sont encore à l'état confus;

Troisièmement, parce que les principes mêmes de l'organisation et de l'ordination, matière des présentes études, paraissent encore nouveaux, et ne pourront qu'après bien des élaborations et des efforts émerger en mode actif.

———

Proudhon n'est que le copiste de Fourier, dans ce que Proudhon a d'excellent, — et je suis loin de lui en savoir mauvais gré.

Tout ce qu'il dit sur la loi des antagonismes, et dont malheureusement il ne déduit pas assez les conséquences, n'est que la menue monnaie de la doctrine sériaire, dont la conception surhumaine domine de loin non-seulement toutes les applications, mais encore toutes les analyses que comporte notre époque.

C'est Fourier qui a dicté à Proudhon cette belle transformation de la lutte militaire dans le combat économique, comme il avait dicté à Auguste Comte le passage de la transcendance à l'immanence, du fictif au positif.

———

Le combat économique, nous le connaissons. Il n'est pas moins meurtrier que la lutte militaire. Je me trompe: il est beaucoup plus meurtrier, beaucoup plus cruel; les plaies qu'il couvre sont les plus inguérissables et les plus fétides; en outre, il est ignoble dans les passions qu'il met en jeu, dans ses moyens et dans ses suites.

L'Association internationale des travailleurs, qui s'y connaît, ne nous dira pas le contraire, et, d'ailleurs, n'est pas disposée à prouver le contraire dans sa participation actuelle au combat économique.

Proudhon juge du fait comme nous; aussi rejette-t-il la guerre comme irréformable, tandis qu'il prétend réformer le combat économique.

Il le réforme par l'idée de la justice.

C'est où il se sépare totalement de son maître, qui n'accorde aucun pouvoir d'ordre à aucune fonction exclusive, et ne considère la justice que dans son rang, au sommet de la série passionnelle.

Fourier réforme le combat économique en le faisant passer de l'ordre faux ou subversif, dans l'ordre vrai ou harmonique.

Sa définition de l'ordre vrai se tire de l'étude même de la nature humaine, merveilleusement comprise dans sa complexité ordonnée.

La conclusion de Fourier est scientifique et positive, où celle de Proudhon reste superstitielle et religieuse.

———

Aussi celle de Proudhon nous touche-t-elle de plus près et par des fibres plus intimes, et ajoutera-t-elle d'autres mouvements confus et tumultueux des masses ignorantes à ceux qu'elle a déjà produits. Et sans doute faut-il qu'il en soit ainsi. Le progrès ne s'accomplit pas par la méthode rationnelle et en ligne droite.

La contemplation de Fourier, prise dans ses principes purs, est vraie, lointaine et absolue. En vain la tempête se déchaîne et couvre l'horizon; le vent tombe, la nuée se dissipe, la lueur calme des astres est éternelle.

Mais il y a loin de notre monde sublunaire aux plus proches étoiles. Il y a loin de nos sociétés vivantes, souffrantes, trébuchantes, au royaume d'harmonie.

Ne nous endormons pas sur un beau rêve, ne nous jetons pas dans le sable mouvant du désert sur la foi du mirage. Recueillons-nous, fixons-nous, regardons où nous sommes.

Plantons ici notre tente, mes amis ! car le voyage est encore long, la nuit descend, et j'entends là-bas, près du torrent où il nous faut boire, rôder le mangeur d'hommes.

———

Qu'adviendra-t-il de ces virtualités irréductibles des nationalités, qui sont et resteront les forces composantes de la famille humaine, y introduisant la somme d'accords et de discords nécessaire à cette grande synthèse ?

Je dis, comment se transformeront-elles, se mêleront-elles, combineront-elles leur jeu ?

C'est ce que Fourier, uniquement occupé de sa formule absolue, ne me dit pas, ce que je ne sais pas, et ce que je n'ai pas besoin de savoir.

Il me suffit de savoir ce qu'elles sont, suivant quelle loi elles se développent et comment nous pouvons, nous, politiques du xix° siècle, travailler utilement à leur essor.

Je n'ai pas d'autre visée, et si celle-ci ne vous suffit pas, orgueil et présomption des esprits, impatience des âmes, cherchez ailleurs, frappez à la porte toujours ouverte du mysticisme et de l'illusion.

Quant à moi, je ne tenterai rien pour vous satisfaire.

A chaque jour sa peine : homme de devoir, il me suffit de porter la peine de mon jour.

De ce que l'homme a eu des vertus, de ce qu'il a dû subir des luttes, et de ce qu'il a mêlé ses vertus à ses luttes, on conclut que certaines vertus sont inhérentes à certaines luttes, et que, ces vertus n'étant plus de mode, ces luttes sont devenues impossibles.

Un tel raisonnement est faux dans sa conclusion et dans ses prémisses.

Dépouillons la guerre de cet appareil idéal dont Proudhon la revêt pour la renvoyer de sa ville, chargée de lauriers, comme Platon faisait des poètes.

L'antagonisme ou la lutte étant la loi de la vie, aucune vertu ne s'est produite sans lutte, et la guerre, parce qu'elle est une lutte, a été occasion et source de vertus.

De plus, la guerre étant une lutte de peuples qui suppose le sacrifice des instincts particuliers aux instincts généraux, a été occasion et source de vertus grandes et extraordinaires : ce qui ne tient pas à l'aspect spécial de la guerre, mais à sa fonction.

Quant à son aspect spécial, il se classe parmi les exercices du corps et de certaines facultés de l'âme telles que le courage, et de l'intelligence telles que la sagacité. A ces divers titres, la guerre a été la principale informatrice du corps humain et de la personne humaine. Ce qui tient à ce qu'elle est un exercice, et non au caractère propre de cet exercice.

Le caractère propre de cet exercice a toujours été de tuer, de piller, de violer, de servir et d'asservir. Ce caractère est ignoble, il l'a toujours été et ne cessera jamais de l'être.

———

Cependant il n'a pas toujours été jugé également ignoble. Plus l'homme acquiert le sentiment de la dignité humaine, et plus la guerre lui paraît monstrueuse et impie.

L'opinion est aujourd'hui faite sur son compte dans les pays civilisés. Aussi devenons-nous de mauvais soldats.

La poursuite d'un idéal permet seule à l'homme de donner sa vie noblement et avec joie. Quand il l'abandonne par peur, par ineptie, ou sous le coup d'une ivresse brutale, la guerre manifeste son vrai caractère.

Certains romans nationaux publiés sous l'empire ont puissamment contribué à nous faire voir la guerre comme elle est, à affaiblir en nous la fibre militaire et à nous livrer désarmés à l'ennemi.

Craignons de cesser d'être aptes à la guerre avant que sa mission ne soit terminée.

Heureusement la perte de deux provinces a réveillé chez nous la fibre nationale, et je voudrais bien voir les auteurs des romans nationaux travailler maintenant à conjurer les horreurs d'une nouvelle guerre ayant pour objet la revendication de l'Alsace et de la Lorraine. S'ils étaient conséquents avec leurs principes, je doute que leur nouveau roman devînt populaire.

———

De ce que la guerre, dépouillée de son appareil d'illusions, manifeste de plus en plus et aux consciences et par le fait même, son caractère ignoble, il ne s'ensuit pas le moins du monde que sa mission soit terminée ; mais il s'ensuit qu'il est urgent pour la raison, la science, la politique, de donner les mains à l'accomplissement de sa mission et d'envelopper la danse macabre des forces basses dans le concert plus noble des forces hautes.

L'œuvre des facultés directrices est commencée, ou plutôt se continue, et leur action devient de jour en jour plus large.

Ce sont elles qui ont jadis coloré la guerre de leurs reflets éclatants, en la tempérant, en la réglant, en l'honorant.

Il leur convient aujourd'hui qu'elle devienne horrible et qu'elle le devienne d'autant plus qu'elles avanceront davantage dans leur tâche de civilisation et d'ordre par la lumière répandue et la vitesse acquise.

———

Un grand pas a été fait dans la transformation de la guerre moderne, — rendue à la fois plus terrible et plus décisive, — quand les armées nationales ont remplacé les armées mercenaires.

Celles-ci éternisaient la guerre, affaire de princes. Celles-là conduisent à la fin de la guerre, affaire de peuples.

Car il y a toujours de la graine de princes, non de peuples. Le nombre de ceux-ci est limité ; leur développement, sujet à des lois.

« Il n'y a rien, dit Machiavel, de si faible ni de si instable que la puissance qui n'est pas appuyée sur ses propres fondements. »

Voilà le commencement de la politique positive.

Une fois les peuples combattant par eux-mêmes, ils veulent combattre pour eux-mêmes.

M. Ferrari l'a fort bien vu, la théorie nationale de Machiavel conduit à la Révolution française.

La mission de la guerre, loin de cesser, comme le croit Proudhon, s'est expliquée, éclairée.

Nous avons la guerre sans formes, et c'est la vraie.

Nous avons la guerre à grands coups et par grandes masses, et c'est la bonne.

Nous avons la guerre courte et meurtrière, grâce aux engins nouveaux, et par là elle se hâte vers son but.

Nous avons les nations entières sous les armes et l'écrasement du travail national sous cet armement excessif, et c'est là le gage d'une prompte solution.

Il nous manque un point : la nation est armée, le citoyen doit l'être.

***

Proudhon croit qu'il n'y a plus de place que pour la guerre sociale. Il se trompe.

Il y a place pour la guerre nationale, tant que les nations ne sont pas assises sur leurs bases naturelles.

Il y a place pour la guerre civile, tant que les citoyens ne sont pas investis de leurs droits naturels.

Et la première fin ne sera pas atteinte sans la seconde, ni la seconde sans la première : elles sont liées l'une à l'autre.

Quant à la guerre sociale, nous l'avons : c'est la lutte

industrielle, et ce n'est pas par les armes qu'on la résoudra, mais par une forte politique, une saine économie , une détermination rigoureuse de tous les droits.

———

Une idée plaisante et qui fit grand bruit, sans tromper personne, durant une période du second Empire, fut celle du Congrès européen.

Ce Congrès devait résoudre toutes les difficultés pendantes, celle de Rome, celle de Constantinople et une demi-douzaine de moindres.

Or il est à remarquer que le Congrès des puissances est perpétuel sous notre régime réciproque d'ambassades perpétuelles, et qu'il n'avait pas besoin d'être proclamé.

Il ne fut proclamé que pour occuper l'esprit de la foule et amuser les badauds.

Quelle apparence qu'une difficulté quelconque de cet ordre soit résolue par une réunion d'hommes, sans autre mandat que de maintenir chacun l'intégrité des prétentions de son gouvernement ?

La solution d'une difficulté diplomatique dépend de sacrifices ou réciproques ou unilatéraux, qui ne peuvent être accomplis que sous l'empire de nécessités immédiates et en vue d'un résultat immédiat.

Des sacrifices effectifs et réels qui n'auraient pour cause que des considérations théoriques ne seraient pas sanctionnés par les peuples, qui n'accordent à leurs représentants diplomatiques aucun pouvoir pour en offrir de tels.

Des sacrifices lointains et imaginaires seraient, de la part des diplomates , fantaisie pure; car ils ne peuvent ni engager l'avenir ni même en connaître.

La diplomatie ne connaît que des nécessités immédiates, et ne fait qu'enregistrer les décisions de la force, soit après qu'elles ont été prononcées par la guerre, soit lorsque le succès de la lutte est d'avance évident.

La diplomatie remplit, vis-à-vis des faits évolués, le rôle que remplissait naguère le Parlement à l'égard des édits du Conseil : elle les enregistre.

Elle n'a pas d'autre fonction honorable.

———

Nous n'en sommes plus aux vagues utopies d'une paix diplomatique.

Nous savons que chaque différend international, venant à son heure et par l'effet de circonstances qu'il n'est pas permis d'induire de peuple à peuple, réclame un traitement spécial.

Proudhon remarque fort bien que « les alliances entre états sont naturellement difficiles, de peu de vertu, de plus courte durée, et n'ont trait qu'à un objet *spécial*. »

Nous en sommes encore, d'autre part, dans la thérapeutique des désordres internationaux, à la médecine qui ne regarde et ne traite que l'accident, et quoi qu'il faille attendre d'une meilleure hygiène et d'une meilleure philosophie sur le tempérament physique et moral des peuples, nous ne pouvons permettre au diplomate de voir au delà, sous peine de nous placer dans la dépendance du patient vis-à-vis du médecin, et de renoncer à notre liberté dans une matière où la liberté c'est la santé même.

———

Un économiste contemporain, à la fois grand ami de la nation et grand-ennemi de la guerre, ce qu'il concilie par la science, demandait naguère que l'on réglât les différends des Etats par un tribunal arbitral, composé des hommes les plus respectés de l'Europe.

L'idée valait mieux que celle du Congrès des puissances. Elle s'est produite dans les livres et par les ligues sous toutes formes. Elle a donné lieu au règlement par arbitres du différend anglo-américain, qui n'est qu'un des exemples du pouvoir de l'arbitrage. Elle vient de remporter à la Chambre des communes une grande victoire. Elle satisfera beaucoup d'esprits, développera les instincts humains et résoudra toutes les questions... où l'existence des peuples ne sera pas en jeu, c'est-à-dire où il n'y aura pas de motif de guerre.

Quant à ces derniers cas, ils seront résolus conformément à ces belles paroles du même économiste :

« La politique des diplomates n'est que la politique des hommes avec leurs passions et leur inconséquence, tandis que la politique des économistes est la *politique des choses* avec leurs progrès et leur logique. — EMILE MIÉGEVILLE, 1867. »

Ce texte est net, et je m'y tiens.

Vous voulez détruire la guerre : étudiez la politique des choses.

18 septembre 1873.

Paris.—Imprimerie Moderne (Barthier, dr), rue Jean-Jacques-Rousseau, 64

ÉTUDES COMMUNALISTES

Par Junior

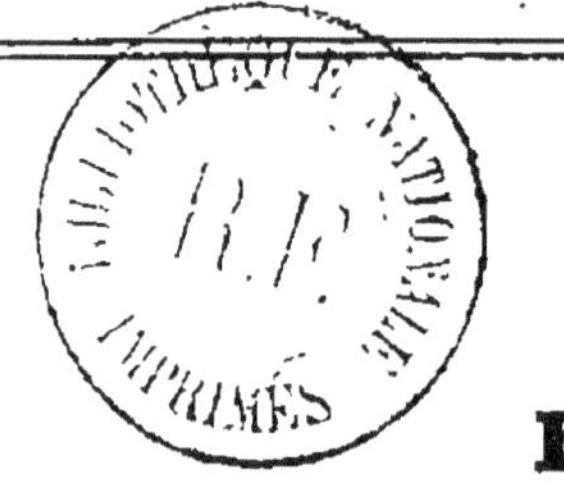

V

L'IDÉE

> La différence est moins dans la
> forme de la constitution que dans
> l'opinion des peuples, qui ont une
> idée plus ou moins étendue de ce qui
> constitue les droits de l'homme et du
> citoyen.
>
> VOLTAIRE.

Dans *Démocratie* et *Nation*, nous avons posé un fait, fixé un terme. Avant d'entrer dans l'analyse intime de ce terme, — la *nation*, — il nous faut regarder en face une force sans individualité, sans corps, sans organisme, qui traverse tous les organismes, les enveloppe, les domine, les entraîne, et dont le résultat dernier est le produit net du travail humain : l'*Idée*.

Avant de mesurer les étapes et de décrire l'auberge, traçons la route, ou du moins sa direction.

Cette partie de notre tâche est ardue. Il est devenu téméraire de traiter de l'idée en soi. Le lecteur de 1873 a horreur de la métaphysique, ou le croit, du moins. Il en fait chaque jour, comme M. Jourdain faisait de la prose, sans le savoir; mais il est hardi de le lui dire.

Fidèle à la *méthode composée*, qui est la seule vraie, nous ne saurions omettre le terme principal du système de phénomènes que nous considérons, sans que tous les anneaux de la chaîne ne se détachent et ne tombent.

Ce n'est pas par des phrases élégantes que l'on construira la *politique* et la *sociologie positives*. Il faut accepter les conditions sévères de cette étude, ou renoncer à cette étude, et, comme dit Condillac, s'endormir sur son ignorance, oreiller assez doux.

Il y a premièrement à distinguer l'Idée de la *science*.

L'Idée est un phénomène de la *conscience* populaire : la science est le privilége de quelques esprits.

Il n'est ni nécessaire, ni utile que la science, dans ses profondeurs et ses hauteurs, soit ouverte à la généralité des intelligences ; pas plus qu'il n'est nécessaire ni utile que toutes les mains soient façonnées à l'emploi du ciseau et du marteau.

Mais il y a des *vérités nécessaires* qui appartiennent à tout le peuple, parce qu'elles résultent immédiatement des données sommaires de l'être.

La science est un effort, une poussée : la conscience du peuple est une base. Ce sont les deux fonctions opposées du mouvement humain.

L'humanité non savante végéterait dans une éternelle enfance ; l'humanité non savante serait sans naïveté, sans attractions et, par conséquent, sans vie.

Au-dessus de ces deux termes dynamiques se repose dans sa statique éternelle, servant de règle à l'une comme à l'autre, la *raison*.

La science se compose des principes fixes de la raison et des développements infinis qui lui sont fournis par l'induction et l'expérience.

Il en est de même de la conscience.

Elle part de principes tellement simples, qu'ils ont été formulés dès l'origine des civilisations et n'ont jamais cessé d'être reconnus, délinéament *absolu* de l'âme humaine, ligne de voûte de toute construction sociale.

Mais la pente fatale des instincts, la nécessité des choses et les rayonnements de la science transmis de proche en proche à l'instinct même, tracent chaque jour sur cette ligne fixe des dessins nouveaux, dont l'ordre et la continuité composent les traits sommaires de l'histoire.

Car *identité*, *mutabilité*, sont les deux termes opposés et complémentaires qui constituent le *développement*.

Or le phénomène de la conscience populaire qui part des attaches fixes de la raison immuable et va se développant par les âges, supérieur aux intérêts, aux volontés, aux affections des individus, des nations même ou de ces familles de nations qu'on appelle les *mondes*, — c'est, dans le langage scientifique, l'Idée; dans le langage théologique, la *foi*.

—

On a remarqué l'identité des conceptions de tous les hommes de génie, à quelques familles humaines qu'ils appartinssent.

Les concepts universels ne dépendent, en effet, ni de la couleur de la peau, ni de la coiffure de ceux qui les conçoivent, ni de l'adhésion du nombre.

Peu importe aux lois mathématiques qu'il y ait ou

qu'il n'y ait pas des êtres irrationnels, des races inférieures.

L'homme, aux yeux de la raison, est l'être qui
pense, c'est-à-dire qui conçoit l'universel, qui commu-
nie avec l'infini.

Peu importent à la contemplation de celui qui pense
des troupeaux d'êtres asservis aux appétits, adorateurs
du fétiche ou de l'idole, dépourvus de liberté intellectuelle et de dignité morale? L'existence de l'aveugle ne
fait pas injure à la lumière.

Où s'arrêtera la contemplation de l'homme dans
son embrassement de l'univers et de l'infini?

Au delà de toute sa tradition historique et de ses
rapports intellectuels limités à certaines races, il rencontre l'espace immense qui nous sépare des autres
globes, et aux limites de la périphérie terrestre sa pensée ne s'arrête pas.

Elle déclare que les globes dont notre regard saisit à
peine la trace dans l'espace, sont habités par des êtres
pensants, que leur algèbre est notre algèbre, et leur
logique, notre logique; que les lois générales de leur
vie organique sont identiques à celles de la nôtre.

—

Car telle est la nature de l'esprit humain, qu'au-dessus des *faits* particuliers il contemple l'universalité
des *lois;* que ce concept d'universalité ou d'absolu est
l'un des pôles de la raison et l'un des éléments nécessaires de tout concept.

En sorte qu'il faut ou, avec le pyrrhonien, repousser
toute certitude et voir dans la vie un rêve changeant,
ou affirmer la certitude des lois identiques à l'essence
de notre raison et la nécessité des faits induits par
ces lois.

L'intelligence sans induction retourne au néant ; la raison sans absolu ne serait que l'aperception inconsciente, irréfléchie, que nous manifestent les bêtes.

A quelque distance que portent au dehors, dans le précis et le fini, les regards de chacun, l'absolu n'en est pas diminué. Rien ne l'entame. Il demeure pour tous le même, et tous les regards intérieurs le contemplent. Ici, pas de progrès ; l'absolu ne marche point.

La *philosophie* seule connaît l'absolu par *institution rationnelle ;* mais tous les hommes le connaissent par la foi, et par une foi d'autant plus profonde et plus vive qu'ils sont plus intelligents et plus éclairés.

———

Dire que la *connaissance* doit remplacer la foi, ce serait dire que tout homme doit arriver à une connaissance raisonnée et instituée de toute chose.

La connaissance humaine s'étend indéfiniment ; mais plus elle s'étend, plus elle implique d'inconnu, et plus elle interpose, entre les parties claires et les parties obscures, cette pénombre qui est la foi.

La foi précède la connaissance, comme l'induction précède l'expérience. La pensée humaine ne se satisfait pas avec des notions exactes ; elle se nourrit d'idéal, c'est-à-dire de foi.

Dans ses grandes lignes, la foi est une, comme la vérité dont elle émane.

La *religion* est l'union des âmes, des intelligences et des volontés dans la foi.

———

La conception de l'absolu est comme le fond de

l'*individualité*, qui, par là, échappe aux étreintes des milieux.

La religion est donc l'*affranchissement* de l'individu.

La religion forme une société idéale au-dessus des sociétés physiologiques et organiques.

Elle est l'âme de ces sociétés. Son idéal représente et résume les génies divers des races humaines.

Elle est supérieure à ces sociétés et les relie dans l'identité absolue du vrai.

La religion est donc *auteur du progrès des sociétés*.

La religion s'identifie avec la science, avec la lumière, et, à la naissance des sociétés, c'est à ce titre que les *Églises* se sont instituées.

———

A l'encontre de toutes les limitations politiques, sociales, matérielles, qui restreignent l'idéal et asservissent l'esprit, la religion représente la libération de l'homme.

C'est là la mission de toute Église. Mais, dans le sein de l'Église, les deux mouvements en sens contraire, nécessaires à toute vie, apparaissent : un mouvement d'expansion et une action de resserrement.

Le moi humain est muable et ductile dans son identité. Il aime à fuir son pôle absolu. Il se dédouble ; un moi de surface et d'accident se produit, étouffe le moi profond et divin.

L'Église, par la *certitude* et l'*autorité du dogme*, ramène l'homme à lui-même, l'arrache à cette fausse liberté qui n'est que fantaisie, passion, relâchement ; brise les idoles interposées entre l'âme et la vérité ; replace dans la vie morale l'être défaillant, restaure la virtualité de la conscience; refait l'homme, fait l'humanité idéale, qui est l'homme lui-même, mais l'homme conscient, l'homme dans sa norme, dans son identité avec l'absolu.

Ainsi la religion nous fait connaître *l'humanité*, qui n'est pas cette masse confuse et plus ou moins dénombrée de bipèdes rouges, noirs, blancs ou jaunes, mais qui est tout entière dans chacun de nous ; qui se développe et grandit par la science, par le travail, par le génie individuel, par les illuminations lentes ou soudaines de l'âme populaire, et qui déverse sur chaque homme, si humble soit-il d'esprit et de cœur, le reflet sacré, la marque inviolable de toute la dignité qu'elle a conquise.

Ainsi la religion engendre le *droit*, qui, sans son affirmation suprême, ne serait qu'une hypothèse, une convention, ou le masque de l'occurrence. Le respect que des opinions grossières accordent au *nombre*, elle en revêt l'homme, et dépose sur la tête de *chacun* cette empreinte de majesté, qui impose au crime, trouble l'impie et veille indestructible contre le *tyran*.

Telle est la religion, dans sa définition idéale. Elle embrasse toutes les fonctions sociales et domine par conséquent toutes les fonctions politiques.

Aussi les *chefs* des Eglises ont-ils toujours — et légitimement — tendu à mettre la main dans les œuvres *temporelles*.

Ils ont dès lors cessé d'être les hommes de la religion pour devenir les hommes de la *politique*.

Ils ont dès lors réduit la vérité en *formules*, et, de

ces formules, fait des *liens* sociaux et des *instruments* politiques.

Or ces formules, adaptées à l'intelligence du plus grand nombre, et appropriées à des nécessités sociales présentes et à des vues politiques immédiates, ont toujours eu pour caractère de fausser la vérité, de restreindre l'absolu, de matérialiser l'idéal.

L'esprit humain a fait un effort ; les formules théocratiques ont été brisées, comme nouvelles idoles ; l'âme humaine, dans sa soif, a remonté aux sources de l'idéal, et retrempé dans la fontaine d'éternelle jeunesse les institutions sociales et politiques.

Voilà l'histoire des Églises, des sociétés et des États.

———

La première religion fut la plus pure et la plus haute, mais aussi la plus savante et la moins compréhensible au peuple, auquel elle dut être présentée sous la forme de *mythes* sensibles.

Les dogmes de cette religion se résumaient en ceci :

— *Unité* du *principe* vital sous la *variabilité* infinie des *hypostases* et apparences ; unité du *système* de la nature ; *série* ininterrompue des manifestations de la vie ; *solidarité* des êtres ; caractère sacré de l'âme humaine *communiant* avec les dieux, c'est-à-dire concevant l'unité.

Mais bientôt cet enseignement se corrompit par les formes mêmes qui étaient destinées à le rendre sensible à la foule, et malgré sa restauration par l'Église orphique (1) dans les mystères d'Eleusis, c'est à peine

———

(1) Qu'il faut bien distinguer du replâtrage qu'en essayèrent les Alexandrins beaucoup plus tard, pour l'opposer au christianisme. (*Avis à messieurs de l'Institut.*)

si les philosophes grecs purent en retrouver quelques traces claires.

Avec eux la *doctrine* sortit du *temple* pour se réfugier dans l'*école*, le peuple restant abandonné aux interprétations des sens.

Les belles et nobles personnifications dans lesquelles le *génie* populaire de la Grèce avait transformé la simplicité *hiératique* des anciens mythes, avaient cédé la place aux cultes mous de l'Asie Mineure, lorsque, du fond de la Judée iconoclaste, qui déjà avait répandu ses agents dans tout l'Orient, partit ce cri :

— Plus de savants ! plus de prêtres ! plus d'idoles ! Dieu pour tous !

Ce fut la plus grande révolution sociale que connaisse l'histoire.

Dieu, qui s'était jusque-là fait symbole, formule abstraite, arbre ou statue, se revêtait de chair, entrait au cœur du peuple, se faisait homme.

Dix-huit siècles ont passé, ont vécu sur cette touchante image, sur cette légende profonde et consolante comme un doux rêve.

Un mot, d'ailleurs, détruisait, dès le début, l'action politique de l'idée chrétienne :

— *Mon royaume n'est pas de ce monde.*

Ce mot, — bien ou mal compris dans la *légende* chrétienne, il n'importe, — exprime le fait capital de l'*histoire* chrétienne.

Il a fallu dix-huit cents ans de labeurs pour que l'esprit des sociétés chrétiennes en vînt à corriger cette ligne-là.

Et la correction de cette ligne est la *Révolution française.*

Le christianisme fut la *vulgarisation* de l'idée religieuse. La Révolution française est la vulgarisation du droit, qui en émane.

Le Christ ouvre au peuple les tabernacles, dévoile les mystères, et réduit la science, apanage de quelques-uns, au sentiment, qui appartient à tous. Le catholicisme, — plus fidèle à l'esprit chrétien que le protestantisme, — offre au peuple l'image parlante au lieu de la lettre savante et obscure (1)!

De même la Révolution française, dans l'ordre de l'action, livre aux regards profanes le tabernacle de la loi, supprime le mystère monarchique, abolit toutes les superstitions imposées à la conscience, au droit, au sens individuel.

Les chefs de l'Eglise chrétienne ont fait de la politique, mais de la politique païenne. Leurs actes et leurs dogmes sont contradictoires. Par la Révolution, cette contradiction entre l'idée et le fait, cesse.

Christ a voulu la vérité pour tous : nous voulons la justice pour tous. Or ce sont termes qui s'enchaînent ; la première des deux révolutions sociales conduit forcément à la seconde.

———

Un des caractères de la Révolution française est la *spécialité* de son origine.

(1) Villon prête à sa mère ce naïf langage:

> Femme je suys povrette et anciēnné.
> Ne rien ne say; onques lettres ne leuz.
> Au moustier voy, dont suys paroissiēnne,
> Paradis peint où sont harpes et lutz.
> Et un enfer où damnez sont bouluz...

Vraie définition populaire du christianisme. Dans le Zeus, la Pallas ou l'Aphrodite, devenus par la suppression du substratum les dieux de l'esthétique, le peuple ne pouvait retrouver l'idée religieuse.

Malgré les apports considérables dus par la science et la conscience humaines aux penseurs des pays voisins, le génie de la Révolution s'est fait peuple, et ce peuple, c'est nous.

Résultat que nous ne devons pas à un accident, mais au fond de notre nature.

Les gens qui pensent faire rebrousser à la France le courant révolutionnaire, refouler l'âme humaine jusqu'au vieux respect d'on ne sait quelle monarchie ultramontaine, retournent non pas avant 1789, non pas avant Voltaire, non pas à Louis XIV, qui appela de Rome à l'Université de Paris; non pas à toute la suite de nos rois en remontant jusqu'à saint Louis, qui défendit les libertés de l'Eglise gallicane... Où donc alors? Peut-être à l'époque où le bon roi Robert vaguait, dit-on, par les hameaux perdus et les chemins désolés, sous le coup de l'excommunication pontificale? Chez cette nation gauloise, libérale et franche par nature, on ne sait vraiment où se reporter pour trouver l'origine de l'idée révolutionnaire du droit.

Le commencement décisif de la Révolution française est au moins le règne de Philippe IV (an 1300): l'époque où le droit romain prit la place du droit féodal; où la moinerie armée, encapuchonnée, mendiante où hospitalière, menace effrayante de paupérisme et de communisme, fut écrasée; où la satire populaire jeta dans l'oubli l'épopée féodale; où la prose française naquit; où les finances et les milices nationales furent créées; où l'économie politique revécut.

Du XIVᵉ siècle jusqu'à nos jours, la notion du droit de l'homme et du citoyen s'est étendue: elle ne s'est pas modifiée. Ce qui fut longtemps la religion de quelques légistes, écoliers et bourgeois, est devenu la substance morale de tout le peuple. Voilà l'unique différence.

L'histoire de la Révolution française, c'est l'histoire de la nation française.

———

Un autre caractère de la Révolution française est l'*universalité* de son esprit.

Ce caractère est clairement indiqué, non-seulement par les déclarations explicites des hommes qui accomplirent le dernier acte de la Révolution, mais par la nature des deux produits immédiats qu'elle engendra :

— *Napoléon et le socialisme.*

Impossible d'expliquer le phénomène de Napoléon dans l'ordre national. Il rompt l'organisme, et jette la semence au dehors. Il appartient tout entier à l'ordre conceptuel et idéal ; et l'Allemagne l'avait ainsi accepté.

De même, le socialisme ne connaît pas de barrières nationales, pas plus de douanes politiques que d'octrois économiques. Il substitue la commune idéale, le phalanstère, à la commune réelle et historique où nous vivons. Il prêche le droit abstrait. Il aboutit, dans l'action, à sa formule sincère :

— *L'Association internationale des travailleurs.*

Toute la poussée de la Révolution française est dans ces trois mots.

———

Notre proclamation des droits de l'homme et du citoyen est devenue le formulaire commun de la politique moderne et le point de départ d'un mouvement d'assimilation irrésistible dans les mœurs et la constitution de l'Occident.

L'Angleterre elle-même, que ses traditions et ses intérêts devraient tenir en défiance contre les idées d'outre-Manche, travaille tous les jours par la voix de ses penseurs les plus illustres, et plus lentement mais avec continuité par sa législation, à sa transformation démocratique, c'est-à-dire révolutionnaire.

Malgré certaines formes démodées qui subsistent encore dans la plupart des Etats occidentaux de l'Europe, on peut affirmer que l'œuvre de la Révolution y est accomplie dans les idées et dans les mœurs, et ne saurait tarder à l'être explicitement dans les lois.

—

L'esprit démocratique, poussant à ses dernières conclusions l'idée que l'on peut avoir des droits de l'homme et du citoyen, fait résider dans l'individu la double puissance pontificale et royale, et n'admet aucune autorité qui ne relève du libre arbitre de l'individu.

La démocratie fait acception à titre égal de tous les êtres humains, dans chacun desquels elle respecte l'humanité tout entière, ou, dans un langage philosophique, l'image de Dieu.

Elle attribue à chacun toute la révélation des vérités supérieures, la plénitude du droit et du sentiment du droit, et la souveraineté politique.

Elle ne reconnaît qu'une révélation perpétuelle et *immanente*, un droit immanent, une souveraineté immanente.

Elle déclare cette révélation, ce droit, cette souveraineté, directs et incommunicables.

Elle repousse tout principe d'ordre *transcendantal* venant imposer à l'homme une règle qui n'émanerait pas de lui-même. Elle déchire le livre de la tradition et considère la science même comme une alliée, non comme une suzeraine.

Voilà quelle est l'affirmation fondamentale de la démocratie. Or cette pensée démocratique est devenue, dans l'Europe occidentale, la pensée intime de tout le monde, monarchistes et républicains, libéraux et conservateurs.

Elle est notre sang, notre air.

Cette donnée redoutable a pénétré dans les esprits à mesure que la foi dans les ressorts superstitiels en est sortie. Une fois entrée, elle ne cède plus la place, mais tend à l'occuper toute, à déduire toutes ses conséquences propres, à envahir tout l'être et à l'entraîner.

Les droits indestructibles d'un peuple se mesurent au sentiment qu'il en a, et ce sentiment, une fois acquis, ne périt jamais.

La Révolution française, dans l'ordre idéal, est accomplie.

Il lui reste à déduire ses conséquences pratiques, à créer le fait nouveau.

Elle a eu, comme le Christianisme des premiers âges, ses apôtres et ses martyrs. Elle attend encore ses législateurs, ses philosophes, ses hommes d'Etat.

Rome, de son côté, a conscience et de l'importance du mouvement qui s'achève et des facilités que lui laisse le retard de l'institution nouvelle.

C'est un bout de rôle qui lui retombe et qu'elle se hâte de jouer avec toute la force de sa longue expérience.

Les victoires d'un matérialisme ignorant lui rejettent tout ce qui a besoin d'une foi définie. Le moment même où il semble que le vieil esprit catholique soit

irréparablement vaincu par la science est celui où il
puise dans l'extrémité du triomphe de son adversaire
un regain de vie.

Aussi le voyons-nous revenir après plusieurs siècles
aux hardiesses de son début et proclamer de nouveaux
dogmes.

Son effort actuel de concentration rappelle celui qui
suivit la séparation de Zwingle, de Luther, de Calvin
et de Henri VIII ; mais il porte plus loin encore. Jamais il ne fut produit un acte plus téméraire que ces
déclarations catégoriques du *Syllabus*, réponse faite
à la déclaration des droits de l'homme et défi jeté
à la Révolution française et à ses œuvres.

Lorsque fut lancée la fameuse bulle *Quanta cura*, on
n'en comprit pas en France la signification. On n'y vit
que le cri de désespoir de la théologie aux abois, un
trait sans vertu, — pour tout dire, un radotage de
vieille femme.

Or il s'est trouvé que depuis lors un gouvernement
antipathique au clergé ultramontrain a été remplacé,
après quelques transitions douces, par un gouvernement selon le cœur de la papauté.

Au lieu d'un ministère Rouland qui dénonçait devant les Chambres et la Nation l'audace de l'armée
noire, nous avons un ministère Ernoul, qui jure par le
Syllabus et s'engage à l'abolition de toutes les libertés
de la conscience et de la pensée humaine.

Au lieu de princes ennemis de Rome que nous puissions railler à notre plaisir, nous avons des princes
établis par Rome et qu'il nous faudra bientôt, dit-on,
adorer en tremblant et à genoux, grâce à l'onction
sainte qui leur prêtera son caractère.

Et notre condition a tellement empiré depuis quatre
ans, que, dussions-nous préférer l'héritier de Louis à

celui de Charles, nous n'en aurions pas moins une créature des jésuites.

———

Voilà où nous avons abouti avec notre mépris de la question religieuse et faute de comprendre que, en présence des empiétements de l'Etat sur le domaine de la conscience, l'Eglise représentait encore la liberté jusqu'au jour où elle serait combattue non plus par les armes temporelles des gouvernements, mais par les armes spirituelles de la science.

Rome ne peut être vaincue ni par la force brutale, ni par les négations grossières. Elle le sera par les affirmations de l'idée moderne s'élevant à la hauteur du principe de l'ancienne Eglise.

———

Or l'idée nouvelle ne se révélera dans sa puissance active qu'en prenant un corps, en s'incarnant au milieu de nous, en devenant peuple.

C'est dans la série religieuse que l'homme manifeste le plus hautement sa liberté, sa dignité. Mais pour les manifester, il faut qu'il soit, et il ne peut être que dans sa gangue sociale.

Il faut plus ; il faut qu'il manifeste en lui, simple représentant, simple lieu, pour ainsi dire, des virtualités humaines, le génie du milieu qui l'a formé.

Il n'y a pas aujourd'hui de question religieuse ou de question morale : celles-là sont résolues. Les formules abstraites sont posées. L'Idée est debout. Il reste à la réaliser par une ordination nouvelle, à former l'homme nouveau par la constitution de son *milieu organique*.

22 septembre 1873.

Paris. — Imprimerie Moderne, Barthier, d', rue Jean-Jacques-Rousseau, 61

ÉTUDES COMMUNALISTES

Par Junior

VI

L'HÉRÉSIE

> Arrière la raison !
>
> LUTHER.

Les nations hérétiques sont les nations fortes.

La vérité ne comporte pas l'hérésie. La vérité est par elle-même. Malheur à qui la méconnaît ! Elle est si ferme, que ni doutes ni dédains ne parviennent à l'ébranler. Elle n'excommunie pas ; l'erreur n'est pas une contradiction qui la menace ; l'erreur s'excommunie elle-même ; en tant que réalité objective, que synthèse vivante, l'erreur n'est pas.

Mais toutes les Eglises orthodoxes s'étant faites ou les maîtresses ou les servantes du pouvoir politique, et la Religion, sous les formules restrictives des *religions*, ayant été employée comme un instrument pour gouverner, les nations et les personnes n'ont affirmé leur indépendance qu'en rompant avec l'orthodoxie, c'est-à-dire devenant hérétiques.

Les corps constitués ne marchent pas : le monde marche, et ne le peut qu'en brisant les corps constitués.

Quelquefois les Eglises empruntent à la politique la détermination d'une carrière à parcourir, d'un but à atteindre. La carrière franchie, le but atteint, l'humanité avance au delà ; les mailles de la politique se rompent, et la formule théocratique s'évanouit.

Les législateurs religieux de la Grèce s'étaient proposé un idéal moral et politique qu'ils atteignirent, et dont les guerres médiques et les grandes manifestations du génie humain qui les suivirent, manifestèrent la puissance après une longue phase d'incubation hiératique. Mais ce fut malgré le sacerdoce et la tradition politique que cette manifestation se produisit. Les représentations symboliques, fantastiques et grossières, du temple, la simple mélopée religieuse, l'hymne divin, dans sa forme et sa teneur consacrées, devaient suffire au génie de la nation grecque, et à celui du génie humain, dont elle constitua le cerveau !

Solon admit à grand peine la comédie, la maintint rustique, lui interdit l'entrée d'Athènes.

Les acteurs durent conserver le masque *rougi de lie* des fêtes de Bacchus, sous les auspices de qui la fête était donnée.

De grands poètes, d'un goût délicat, venus plusieurs siècles après Homère, dans la pleine efflorescence de la civilisation hellénique, étaient renfermés dans ces règles brutales.

La tragédie, touchant de plus près au sens religieux, semblait plus redoutable. Il lui fut plus longtemps interdit de naître. Elle dut, pendant des siècles, se tenir dans les bornes d'un chant exécuté par un chœur en l'honneur du dieu. Ce fut par de longues luttes que s'introduisirent le premier acteur chargé d'exposer la fable dans un récitatif alternant avec l'ode, puis son interlocuteur. Cette seconde révolution fut la conquête audacieuse d'Eschyle. Après lui s'augmenta le nombre des acteurs ; mais déjà le sacerdoce était impuissant ; la Grèce ne croyait plus.

Néanmoins, jusqu'aux derniers temps de la civilisation grecque, ces acteurs durent être des acteurs mâles et défigurer leur taille, leur geste, leur visage et leur voix, par toutes sortes d'appareils rappelant les représentations liturgiques. Tant la peinture sincère de l'homme, tant la nature et tant l'art, ou la nature idéalisée, semblaient contraires à la morale religieuse !

On connaît les difficultés que rencontra l'addition d'une corde à la lyre. L'usage de la flûte fut longtemps interdit, ainsi que l'emploi du mode lydien.

Les lignes froides et sévères d'un symbolisme barbare étaient imposées au statuaire, et quand la loi devint à l'égard des formes données au marbre plus tolérante, l'art resta religieux, la reproduction de la personne humaine, coupable. On admit plus tard le simple buste.

Que dire de la naissance de la philosophie, cette explosion de la semence divine ?

Anaxagore est accusé d'impiété : il enseignait publiquement, disait-on, la doctrine des mystères.

Eschyle est convaincu de sacrilége : il plaçait sur la scène, devant tout le peuple, le mystère même.

Phidias encourt la même accusation.

Socrate, divulgateur de la pensée que recouvrent les

enveloppes épaissies des anciens mythes, est déclaré corrupteur de la jeunesse, et le grand poète conservateur Aristophane se montre son plus ardent dénonciateur.

Socrate, Phidias, Eschyle, Anaxagore sont des hérétiques, et ces hérétiques ont fait l'art, la raison, la science, le progrès.

—

Savez-vous pourquoi toutes ces figures que vous voyez couchées dans le granit au musée égyptien sont sans expression et sans beauté; pourquoi elles se terminent par des massifs informes en guise de membres; pourquoi les dieux nous sont présentés sous des attributs bestials ou monstrueux?

Vous supposez peut-être que les peuples d'alors se figuraient ainsi la puissance et la majesté, ou que les artistes égyptiens n'avaient pas le sentiment du beau ou n'étaient pas capables de le réaliser dans leur œuvre?

Erreur. Leur génie se trahit par plus d'un trait, et vous rencontrerez peut-être, échappée à la dure convention hiératique, une pure et gracieuse figurine de jeune femme attestant par sa seule présence le pouvoir barbare du sacerdoce durant des siècles encore incalculés d'immobilité dans la formule.

—

Mais pourquoi chercher si loin de nous? Regardez au musée du Louvre les exemplaires que nous possédons de la peinture antérieure à la Renaissance. Remarquez ces membres roides et allongés, ces corps sans lignes naturelles, sans contours qui aient eu vie.

Grossièreté de l'art, pensez-vous?

Mais à côté du tableau hiératique du peintre, cherchez son œuvre mythologique, et vous admirerez les proportions justes, les belles formes de ses déités et de ses nymphes.

Dans tel volume des premiers jours de l'imprimerie, orné de gravures religieuses à ornements byzantins et d'une origine évidemment ancienne, les saints ont des membres de bois et d'une longueur démesurée, les chevaux ne paraissent que des squelettes, les montagnes sont des cônes entre lesquels se montre le soleil sous l'aspect d'une grosse boule.

Vous souriez de la naïveté du dessinateur ?

Ne vous hâtez pas. Etudiez les détails. Le mouvement est juste et savant. La tête est belle. Et voici que tout à coup, dans un coin de la scène, une figure s'avance, celle peut-être de la mère des jeunes martyrs : elle est dessinée jusqu'a mi-corps, avec une finesse, une grâce, un sentiment qui nous porte d'un bond aux temps de Raphaël.

Cette tête charmante, jetée au milieu des lignes rigides de la scène conventionnelle, c'est la signature de l'artiste.

Il a dû appliquer au saint toute la rigueur de la formule sacerdotale. Pour la mère, il n'y est pas tenu : c'était sans doute une païenne. Il n'y sera pas tenu pour Satan, et il le fera descendre sur le monde (image dont a dû s'inspirer Milton), noble et fier, la lèvre seule imperceptiblement plissée d'orgueil, le front et le regard empreints d'une implacable beauté.

L'art est le grand hérétique, celui qui parle à tous, éveille toutes les virtualités, manifeste et développe la nature tout entière. Il engendre la science, la raison, la liberté. C'est lui qu'ont le plus redouté les sacerdoces. Et, dans l'ordre étroit de leurs conceptions, ils ont vu juste.

Tout développement est une évolution, toute évolution mène à une fin. Le seul moyen d'empêcher l'être de mourir, c'est de l'empêcher d'être.

L'Egypte n'a-t-elle pas péri lorsque l'hiéroglyphe, se démocratisant, eut mis l'enseignement et la loi nus sous les yeux du profane ?

La Grèce, en initiant l'univers à ses lettres et à ses arts ; Rome, en admettant les barbares à la participation de son droit ; le Juif, en ouvrant aux Gentils la porte du temple, se sont suicidés.

Les théologies fondent les sociétés, puis s'efforcent de les arrêter dans l'efflorescence qui conduit à la germination et à la mort.

Elles traitent la nature en ennemie et condamnent ses œuvres comme impures. Il leur faut des prophétesses vierges, des prêtresses pures, des vestales chastes, des nonnes ignorantes, des confesseurs célibataires quoique instruits. Elles donnent au voyant la nature à gouverner, pourvu qu'il se dérobe à la nature.

Ainsi le cartilage tendre et délicat du corps de l'enfant prend de l'énergie et de la puissance par les mêmes dépôts calcaires qui, en s'accumulant, y produiront un jour la lourdeur et la pétrification. Les théologies perdent peu à peu leur jeunesse, leur élasticité, leur vigueur active, et ne s'aperçoivent pas qu'elles portent l'engourdissement où naguère elles allumèrent le foyer de la vie.

—

Les empires ont leurs destinées.

Il est difficile d'imaginer les mondes anciens, le monde aryaque, le monde égyptien, le monde grec, le monde latin, comme ayant dû remplir une autre fonction que de préparer l'humanité.

La Grèce et l'Italie eurent la cité ; elles n'eurent pas

la nation, dont l'existence suppose la limitation de l'Etat par des Etats de même ordre.

L'idée scientifique de nation est donc nouvelle.

Les grandes nations de l'Europe actuelle sont-elles destinées à périr ? C'est peu probable. Elles sont à peine dessinées, et avant qu'elles aient fourni leur évolution ascendante, elles auront transformé et fixé les races humaines encore fluentes et rebelles à l'esprit scientifique.

Le danger d'une nouvelle invasion asiatique ne serait réel que si l'Europe occidentale se dissolvait dans un communisme impérial, ou si, infidèle au principe de l'indépendance des nationalités qui fait sa force, elle se répandait imprudemment parmi les races susceptibles d'être dominées.

Ami, cache ta vie et répands ton esprit !

Ce beau vers de Victor Hugo s'applique aux nations comme aux individus. En démontrant l'universalité de l'idée et la spécialité de l'organisme, nous donnons à l'Europe occidentale la clef de son avenir, le moyen de poursuivre la tâche humaine des anciennes sociétés, sans périr comme elles.

—

Entre l'universalité de l'idée et la spécialité des organismes politiques, il n'y a plus de place pour les organismes théologiques.

L'humanité connaît son siége, a établi d'un bout à l'autre de son corps matériel ses grandes artères, est librement et à ciel ouvert en possession de son être moral : la fonction préparatoire des religions nationales est remplie ; il n'y a plus de lieu pour les Églises.

Je dis dans le monde civilisé, c'est-à-dire où l'homme est parvenu à la possession de lui-même et de son idéal.

Je dis dans les régions encore obscures de l'humanité, où nous ne pouvons apporter qu'un principe d'ordination conforme à notre foi.

Le protestantisme joue en ce moment sur le globe un rôle trop peu remarqué des nations que la *tyrannie* catholique énerve.

Mais, d'abord, qu'est-ce que le protestantisme ?

La réforme fut-elle un progrès dans le christianisme et peut-elle être considérée comme constituant au bénéfice du xvie siècle une grande révolution sociale, analogue à la révolution française ?

Non. Elle ne peut être un progrès dans le christianisme, puisqu'elle ne fut qu'un retour pur et simple à saint Paul, aux Evangiles, à la Genèse même.

Si révolution sociale il y eut, elle fut limitée à quelques parties du monde chrétien, et n'offrit point le caractère d'une transformation universelle.

Distinction profonde : la révolution française transforme, le protestantisme réforme.

La première marche en avant, selon l'évolution scientifique ; la seconde retourne en arrière, selon le dogme théologique.

La réforme ne fut point un acte de liberté critique, mais un mouvement de réaction contre la renaissance païenne et naturaliste, dont Rome était devenue le centre. Et si elle s'empreignit de cet esprit de libre examen qui est l'essence de la vie moderne, c'est que cet esprit l'enveloppait de toutes parts et qu'elle ne put se dérober à son influence.

« *Recedat syllogismus*. Arrière la raison ! » est le mot du pape Luther. Et tel est demeuré longtemps l'esprit des universités d'Oxford et de Cambridge, ces deux instruments du papisme anglican, simplement substitué au papisme romain, par Henri VIII.

Rappelez-vous la théologie sombre et inflexible de Calvin.

La Sorbonne, par l'organe d'un de ses docteurs, Simon Fontaine (*Histoire catholique de notre temps*, 1558), accusait Luther et Calvin de nier la science et le progrès.

> La vertu ne se peut à Genève enfermer,

écrit Ronsard, peu après. Elle va de fleuve en fleuve, de peuple en peuple.

> Vite comme l'éclair elle parcourt le monde,
> De ce grand univers hôtesse vagabonde.

Ainsi avait parlé Erasme, ainsi Rabelais; ainsi avaient pensé tous les grands esprits de la Renaissance.

Les chefs de la réforme et encore aujourd'hui les grands dignitaires du protestantisme, furent et sont les mainteneurs de la rigidité des formules.

Ce fait complexe du XVIe siècle, qu'il faut envisager sous toutes ses faces pour conserver à l'histoire sa sincérité, se résume des deux parts dans la reprise théologique. C'est, sous les deux formes, protestante et romaine, un retour au passé, un mouvement hostile aux élans de l'esprit humain vers la lumière ; et la science trouve encore sur son chemin autant d'obstacles dans la première Église que dans la seconde.

Si la science a vécu, si elle a grandi, ce n'est pas à ses adversaires qu'elle en doit savoir gré. Certes, les théologiens indignés des débordements de Rome, toujours semi-païenne, qui secouèrent les premiers l'autorité de la Camarilla du Vatican pour se réfugier dans la certitude sereine du Livre, n'avaient pas prévu qu'un jour viendrait pour l'Allemagne et pour l'Angleterre,

où le Livre aurait vieilli, où l'esprit tuerait la lettre, où
de l'obédience absolue à la révolte absolue il ne s'offri-
rait plus d'intermédiaires, où le protestantisme n'aurait
que le choix de se rendormir pour un peu de temps
sous les vieilles foudres du Priam romain, ou de plon-
ger en pleine négation du mystère chrétien dans les
eaux vives de la révélation éternelle et toujours jeune.

S'il faut entendre par *révolution*, l'introduction d'un
principe dont l'*évolution* sera le développement et
l'épuisement, la Réforme ne fut pas une révolution
sociale et religieuse.

Elle fut autre chose. Elle fut une révolution d'un
autre ordre. Elle fut l'acte de séparation des États modernes, la prise de possession des peuples modernes
par eux-mêmes, le grand schisme des nations, le rejet
définitif du rêve impérial, la déclaration d'hérésie politique de l'Occident.

Mais cet acte d'hérésie politique une fois accompli
pour le plus grand bien de l'Europe, les nations qui
l'avaient accompli se sont vues dans la nécessité de
reconstituer dans leur sein une Eglise orthodoxe, de
se donner une papauté, de confondre le pouvoir religieux avec le pouvoir politique, l'Eglise avec l'Etat, en
subordonnant l'Eglise à l'Etat.

L'Angleterre a fait, en ceci, dès le début, ce que
l'Allemagne est maintenant obligée de faire.

Aussi la religion orthodoxe est-elle devenue en Angleterre un pur formalisme et les mœurs y ont-elles
revêtu le même caractère.

Il s'y est établi des sectes ferventes, indignées, dont
l'exaltation mystique cède aujourd'hui devant un sens
plus haut des choses de l'âme.

La noble union des quakers démocrates et progressistes a rejeté jusqu'au Livre, du moins dans le culte, dépouillé de toute cérémonie instituée. C'est un grand pas. Un autre pas et plus décisif consisterait à rejeter le Livre de leur esprit pour n'attendre la lumière que de la conscience et de la science.

Que contemple cette foule muette et recueillie dans le temple nu ? Son regard monte au ciel sans limites et s'efforce de pénétrer dans l'absolu et l'insondable ! Tension vaine de l'âme, lutte fiévreuse contre l'abîme ! C'est, ô mes amis, — car vous vous dites *amis*,— c'est au dehors qu'il vous faut regarder, ce sont les choses réelles qu'il vous faut pénétrer, c'est la vie dans ses variétés et ses profondes lueurs qu'il vous faut aimer. L'humanité vivante et aimante, est l'éternel Christ qu'il vous faut croire.

Des sociétés bibliques publient et répandent les textes mosaïques et apostoliques en plus de deux cents langues et par millions d'exemplaires, partout où il y a des hommes.

Pourquoi cette œuvre de civilisation des races attardées dans le fétichisme et l'ignorance paraît-elle définitivement dévolue au protestantisme ? La raison en est claire.

Le catholicisme, reprise de tous les résultats du droit romain et du génie grec, a convenu à l'éducation des peuples de même race, directement assimilables à l'esprit de l'antiquité.

Mais à des peuples étrangers à notre haute culture, le catholisme n'apporterait qu'un changement d'idoles.

En dehors de son fonds déjà soumis par la politique romaine, le catholicisme a pu exterminer les peuples, suivant le mot de Tacite : *Ubi solitudinem faciunt, pacem appellant* (1), il n'a pu en élever aucun.

—

Est-ce à dire que les nations protestantes doivent désormais procéder par voie de conservation et d'humanité vis-à-vis des faibles et renoncer aux procédés théologiques qui ont détruit dans l'Amérique du Nord l'élément indigène, et qui encore aujourd'hui, suivant un rapport officiel, livrent chaque année dix mille sujets hindous de l'empire britannique, proie désarmée, aux bêtes féroces, ainsi conservées pour servir de gibier noble aux gentlemen de sang anglo-saxon ?

Nous ne savons. Mais si l'alternative de l'assimilation ou de la mort est posée devant les races demeurées inférieures, et que leur seul salut soit l'assimilation, nous disons qu'elles seront sauvées, non par les cérémonies symboliques du prêtre, mais par le Livre.

Sans doute, le Livre aussi est une idole ; mais cette idole, pour les peuples enfants, contient la révélation d'un idéal nouveau. Le Livre, en tant que *livre* (2), ouvre, au sein des superstitions qu'il ne *remplace pas*, les tranchées de l'esprit moderne ; il apporte la révolution de Cadmus, de Gutenberg et de Fulton ; il dis-

---

(1) « Ils créent un désert et disent : La paix règne. » Traduction théologique : « Ils allument les bûchers à la gloire de Dieu. » Traduction néo-cléricale : « Ils massacrent, et appellent cela l'ordre moral. »

(2) Inutile de rappeler que le mot *Bible* est un mot grec qui signifie *livre*. On a réuni mahométans et chrétiens sous la dénomination de *peuples du Livre*, soit parce qu'ils reconnaissaient ensemble l'autorité de la Bible, soit parce qu'ils étaient également en possession d'une formule révélée, d'un livre sacré. Nous écrivons *Livre* au lieu de *Bible*, parce que notre critique s'applique aussi bien au *Koran*, au *Zend Avesta* ou à tout autre recueil de formules sacerdotales, qu'à la *Bible*. A la place du *Livre* momie assis immuable sous les poussières du passé, la foi moderne a institué le culte du *livre* eau courante et source vive.

pose immédiatement à l'activité pratique de l'industrie les virtualités encore inexploitées.

C'est là l'œuvre de l'imprimerie, non de la lettre ni de l'esprit du Livre.

La lettre et l'esprit du Livre ont fait leur temps. L'un et l'autre appartiennent à l'histoire du passé.

———

Pourquoi la France n'a-t-elle pas embrassé le protestantisme au xvi⁰ siècle? Pourquoi l'Italie? Pourquoi l'Espagne? Pourquoi l'Allemagne du Sud?

Le protestantisme ayant été, avant tout, une séparation politique, il eût été contraire à son principe même que tous les Etats intéressés à affirmer leur individualité se séparassent.

Le phénomène de la séparation consista dans le partage du monde féodal en deux moitiés, dont l'une resterait attachée au tronc catholique ou unitaire.

Suivant quelle démarcation cette division devait-elle avoir lieu? Evidemment, entre le Nord et le Sud.

Le Sud, étant plus attaché à la forme, devait garder la forme. Le Nord, étant plus attentif à l'esprit, devait briser la forme.

L'Eglise étant Sud, le Sud devait rester dans l'Eglise, et le Nord, se détacher de l'Eglise.

Le Sud ayant ses souvenirs, ses intérêts, toutes ses vues sur la Méditerranée, qui est le lien de l'Europe, devait rester unitaire. Le Nord, auquel le passage du Cap et l'usage récent de la boussole venaient de créer une vie tout extérieure, devait se jeter dans l'action indépendante, condition de son existence et de sa supériorité.

———

Ce n'est pas que les nations méridionales n'aient souvent précédé celles du Nord dans les entreprises lointaines. Mais elles ne s'y lançaient pas corps et âmes, ne renonçaient pas à leur vie antérieure, ne s'imposaient pas un programme nouveau, une foi nouvelle. Aussi furent-elles bientôt vaincues dans leur concurrence avec le Nord.

Le Portugal, grâce à sa position excentrique, subit moins que l'Espagne l'influence énervante de Rome, tint plus longtemps, conserva des comptoirs et, jusqu'à l'époque contemporaine, un empire, sans parvenir ni à fonder une puissante nationalité, ni à en être une.

La ruine de la Méditerranée entraîna celle de la ligne hanséatique et de l'Allemagne du moyen âge, et le manque de ports sur la mer du Nord mit l'Allemagne moderne hors de la concurrence maritime, source de tous les développements rapides durant cette période. De là son long sommeil et l'élaboration lente mais puissante de sa vie intérieure, sous les influences protestantes et septentrionales.

***

L'Europe peut, aujourd'hui, se retourner encore une fois sur elle-même, et la Méditerranée renaître, grâce au percement de l'isthme de Suez, sans que les nations du Nord subissent à leur tour le sort qu'eurent l'Espagne et l'Italie.

Le Nord est préservé contre une telle chute par ses qualités actives et par les transformations économiques dues à l'industrie et à la civilisation modernes.

Même sur les routes immédiatement ouvertes par la Méditerranée, les races du Septentrion continueront à devancer les nations latines tant que celles-ci n'auront pas secoué la langueur de leurs habitudes et de leur climat sous la pression du besoin et l'aiguillon des sentiments supérieurs.

***

Ce réveil se produit.

L'Italie a heureusement conquis sa libre unité, en vain poursuivie jusque-là depuis l'origine de son histoire.

Les convulsions terribles que traverse l'Espagne en ce moment même, sont forcément pour cette noble nation l'aurore d'un glorieux avenir.

Et des deux côtés, le rajeunissement de la momie ne s'opère que sous le coup des excommunications pontificales, par l'hérésie, et par une hérésie bien autrement radicale que celle du xive siècle ; par l'hérésie qui rejette toute l'autorité théologique et toute la foi révélée ; par l'hérésie non plus seulement des nations, mais des hommes.

———

Pourquoi la France, restée catholique, n'a-t-elle pas subi le sort de l'Italie et de l'Espagne ?

Parce que son catholicisme n'a jamais été que nominal. La France a eu son mouvement de réforme au xiiie siècle, mouvement plus profond que celui du schisme d'Avignon et des schismes ultérieurs du Nord.

Car ce ne fut rien de moins qu'une rupture définitive entre nos instincts nationaux et l'esprit théologique.

Certes, ce mouvement ne fut pas général en France.

Quelques-unes de nos provinces sont encore aujourd'hui profondément imprégnées d'influence cléricale.

Mais sur le plus grand nombre des villes, et, par suite, dans la direction des affaires publiques et de la raison publique, ce vent léger qu'on a depuis appelé l'esprit voltairien, n'a cessé, depuis l'époque de Philippe le Bel, de souffler ses libres énergies.

On dit à tort l'*esprit voltairien* : c'est l'*esprit français* qu'il faudrait dire.

A ceux qui seraient surpris d'une telle assertion, toute contraire aux palabres sans cesse répétées sur la foi du moyen âge, nous n'avons qu'à proposer l'épreuve suivante :

Prenez au hasard, depuis le Roman de la Rose jusqu'aux cahiers de la Révolution française (même y compris la période hypocrite de la vieillesse de Louis XIV), un ouvrage de prose ou de vers, hors les écrits de l'Eglise et de l'Ecole : vous aurez dans les mains un ouvrage anticlérical.

Il a fallu M. de Chateaubriand et le Romantisme pour changer un moment à cet égard, et cela depuis la Révolution, la ferme tradition de l'esprit français.

* * *

Or, tandis que l'esprit français se préservait avec ses armes libérales contre toute immixtion pontificale ou mystique, la Royauté, l'Université, le Parlement, tout en maintenant les formes extérieures du culte romain, préservaient l'Etat contre la politique ultramontaine.

Nous n'avons ni dû accepter le protestantisme du XVIᵉ siècle, ni dû nier le catholicisme, parce que, depuis au moins six cents ans, la France est la plus hérétique des nations chrétiennes, et le Français le plus hérétique des individus chrétiens.

Notre dogme national, proclamé par la Révolution, mais nourri dans nos cœurs depuis que nous sentons et respirons, est avant tout la négation du sacerdoce et du Livre.

25 septembre 1873.

Paris.— Imprimerie Moderne, Barthier, dᵉ, rue Jean-Jacques-Rousseau, 61.

ÉTUDES COMMUNALISTES

Par Junior

VII

L'OPINION

> De ce que je n'en croirais pas un
> je n'en croirais pas cent un.
>
> **MONTAIGNE.**

Je touche à un sujet aussi léger que ces feuilles volantes.

On a nommé l'Opinion la reine du monde. Je la reconnais pour le dernier roi de France. Mais ce roi est mené par deux favorites, Chance et Audace.

J'aime trop la Loi et le Droit pour applaudir au gouvernement de l'Opinion ou de l'Occasion : car c'est tout un.

Je sais qu'il lui arrive de se faire passer pour l'Idée et d'en revêtir les allures. Otons-lui ce manteau.

L'une et l'autre est un courant qui domine et entraîne.

Mais celui-là est un torrent formé par l'orage et qui est mis à sec dès que les nuages changeants ont porté sur d'autres horizons le tourbillon du vent et de la pluie.

Celui-ci est un grand fleuve issu de la neige éternelle du sommet des monts et que nourrit l'apport régulier et nécessaire de toutes les pentes d'un versant jusqu'à la mer.

Le premier trouble et dévaste. Le second mesure et féconde.

———

L'Idée prend sa source dans les données premières et absolues de l'âme humaine.

Le développement de l'intelligence et de l'instinct des peuples par l'évolution des formes de la vie, en gonfle le cours sans le changer ni l'interrompre.

Les apports de la science et du travail y insèrent les mille affluents perpétuels qui le pressent et l'enorgueillissent, sans dévier son lit produit indestructible des constructions primitives et de la nature des choses.

Sa surface muette et calme a si peu de frémissements que vous croiriez l'onde immobile et qu'endormi sur l'île mourante qu'il entraîne vous vous jugeriez fixe sur un point de l'espace, si, vous réveillant au matin vous ne voyiez sur la rive d'autres arbres et d'autres fleurs, et si les astres pâles enveloppés du jour naissant ne vous révélaient d'autres cieux.

———

Qui pourra nommer les sources de l'Opinion ?

A peindre les aspects variés et bizarres du nuage-Titan, les nomenclatures des mythologies se sont épuisées.

Autant de gouttes de rosée montent en vapeur au sein de l'espace, autant de souffles d'air les glacent ou les subtilisent, les accumulent ou les dispersent...

Autant de sources diverses de l'Opinion.

Elle naît sur tous les points, résulte immédiatement des caprices de l'atmosphère, leur obéit et change à leur gré, suit follement tous les chemins, s'en crée de nouveaux, paraît et disparaît selon qu'elle rencontre un sol d'argile ou de marne, est ingénieuse et terrible dans son vagabondage, charme et effraie, enfin par cent détours se perd dans les profondeurs; ou quelquefois apporte au fleuve le tribut de son cours tumultueux, mais tout chargé d'herbes mourantes, de maisons détruites, de glèbe déchirée, et y dépose une longue trace de gravier et de fange.

———

Je respecte ta conscience, ami! — Ton opinion, je la redoute.

Dans les matières de fait, tu sais ou tu ne sais pas. Il n'y a pas deux manières de savoir : savoir suppose la possession certaine de toutes les conditions du fait. Entre savoir et ne pas savoir, il n'y a d'autre milieu que l'illusion.

La croyance qui va au delà des connaissances acquises par l'homme et qui part de ces connaissances acquises, tant qu'elle demeure dans le vague indéfini de l'aspiration et du rêve, est le prolongement tentaculaire du sens intérieur de l'homme sur l'absolu. Je respecte ce complément de la certitude, cet asile des âmes qui se sentent à l'étroit ou blessées, cette nourriture idéale du moi. Je la respecte et je l'aime, cette poésie qui appartient à tous et la plus haute, et je la défendrai toujours contre les négations froides de l'analyste qui montre au bout de son scalpel la fibre éteinte et dit : — Voilà le sentiment !

En deçà des connaissances certaines il n'y a que l'ignorance, et l'ignorance, je la respecte aussi. O bienvenu celui qui ignore, s'il n'ignore pas qu'il ignore ! Il sait beaucoup de ce qui le plus lui importe, celui qui dit : — Je ne sais pas.

Mais la croyance soudée à l'ignorance, c'est l'erreur, et je la déteste. Et je redoute cette force envahissante et mugissante, l'Opinion, qui est un composé de l'aventure, de l'ignorance et de l'erreur.

Ecoutez ! le toit craque, l'ouragan descend, la trombe arrive. Fermez vite portes et fenêtres. Fermons nos âmes, et gardons chacun notre maison.

Ici, chez toi, en toi, si tu te gardes, tout est calme, bienveillant, souriant. Le travail, l'étude, souvenir et avenir, l'épouse, l'enfant, les vieillards, les amis, l'hôte inconnu qui frappe à ton seuil et qui entre couvert de la vénération que tu dois à l'homme ; tout, jusqu'à la maladie, sous tant de regards compatissants, jusqu'à l'infortune, sous tant de constance et de réconfort, est doux.

Ton bonheur ne vacille pas, comme une lampe fumeuse, privée d'huile. La sève qui l'alimente monte toujours : sache la recevoir.

Laisse passer dehors la tempête de l'Opinion. Qu'elle obscurcisse le soleil : ton foyer est brillant. Qu'elle soulève un instant la cendre de l'âtre et lui rejette la fumée âcre : ravive la flamme. Le tourbillon passe et se dissipe : la lueur vigilante de Vesta ne meurt pas, ne peut mourir.

On s'est donné bien du mal pour prouver que l'idée des vertus et des vices varie selon les temps et les lieux. On a trouvé des différences d'intensité, peu de différences formelles et celles-ci d'institution politique.

Au contraire, l'identité de l'homme me frappe.

En tout ce qui touche à l'analyse des passions du cœur humain, je ne connais ni l'espace ni la durée. Hésiode, Homère, les Védas même dans leur antiquité, me sont contemporains. Les monuments sémitiques, c'est-à-dire d'une autre famille humaine, ne me sont point étrangers. Dans les sociétés rudimentaires du Soudan ou de la Nubie, je reconnais les traits de la nôtre, et ne m'étonne point d'entendre les petits-fils des nègres transportés par nous de la côte de Guinée dans les îles de l'Amérique parler ma langue, la parler purement et traiter savamment des matières savantes de l'économie sociale ou politique. Je lis leurs écrits, et je n'y retrouve pas leur couleur.

A l'époque où je ne songeais point qu'un fort petit nombre de vies successives nous sépare de ce qu'on est convenu d'appeler l'antiquité, lisant l'*Odyssée* et l'*Iliade* comme des textes qui nous eussent été portés du soleil ou de Sirius par un ange de lumière, ébloui de cette langue merveilleuse encore dans nos bouches barbares, fasciné par le rayonnement de cet Olympe où dieux et héros de proportions surhumaines joutent majestueux et souriants comme sous des nimbes d'or, percevant l'étrange, le lointain, l'inconnu, et ne cherchant point autre chose, je m'arrêtai tout enfant, je m'en souviens, sur le passage touchant et simple où le héros Ulysse est reçu par sa mère aux bords infernaux.

Je fus frappé en plein cœur. Je trouvais ce que je n'attendais pas, une note bien connue, bien voisine : un fils, une mère.

Il y avait donc alors, aux temps homériques, des fils et des mères comme aujourd'hui ? Longtemps j'y songeai.

Je commençai à comprendre que la poésie et l'histoire, c'est l'homme.

—

On m'avait souvent répété, après Chateaubriand, que le christianisme avait fourni à l'art des données nouvelles, la pureté, la chasteté, la mélancolie...

Je reconnus ce qu'il y avait là de gratuite injure jetée au gynécée grec, à la famille romaine, aux blanches théories des jeunes filles consacrées à Diane ou à Pallas !

Eh quoi ! ce lecteur assidu des vers d'Homère, avait-il oublié la naïve figure de Nausicaa ? Ignorait-il Sophocle et son Antigone ? Eschyle et la piété de ses chœurs féminins ? N'avait-il jamais regardé la Calliope dans son voile, ni la tête rêveuse du Paris, le prince berger, ami des Muses, voué par le sort aux grandeurs funestes ?

Quel poète fut plus humain que Plaute l'esclave ? Qui prêta jamais à l'amour fraternel, à l'amitié, des accents plus touchants que Catulle ou que Virgile ? Qui chanta la nature avec un sens plus profond que Lucrèce ?

Si l'on parle des devoirs, qu'opposera le christianisme à la vertu des citoyens des anciennes républiques ? Quelle théorie morale fut plus haute que celle de Socrate et d'Epictète ? Quelle pratique morale plus suivie et plus saine que celle de Trajan ?

Certes la défense des antiques mœurs est oiseuse ; mais puisque les ineptes accusations se reproduisent, il faut que la réponse aussi se reproduise ; il faut apprendre à ceux qui ne peuvent eux-mêmes pénétrer les couches du passé, que la vertu et la morale n'ont pas de patrie, que la charité, la pureté, la spiritualité dans toute leur fraîcheur première parèrent le front de ces jeunes néophytes de la civilisation, l'Inde, la Perse, l'Egypte ; que le christianisme, dont nous avons défini le rôle révolutionnaire dans l'ordre de l'idée, n'a rien introduit de nouveau dans les devoirs sociaux et la conscience humaine ; que l'homme moral dans ses grandes lignes a toujours été le même, et que les prétentions révélatrices des réformateurs politiques ou religieux sont un mensonge à la nature, un blasphème contre la Loi.

Et ce fut plongé dans la contemplation de l'éternelle vérité, de la beauté immuable, que j'entendis en Février pour la première fois ces chants héroïques, écho non affaibli de ceux de Tyrtée, alors accompagnés de radieuses espérances, aujourd'hui retentissant dans ma mémoire comme le glas de ma génération, deux fois sacrifiée, avant son heure et à son heure !

Oh ! comme l'Opinion fut noble et généreuse, à ce premier réveil de l'illusion républicaine ! Nos campagnes n'avaient jamais vu pareille fête. On s'embrassait, on chantait, on pleurait de joie ; c'était un délire. Combien dura-t-il ? Peu de mois. J'entendis bientôt le concert des imprécations contre les Rouges. On faisait peur des communistes aux petits enfants : pauvre Cabet ! M. Louis Blanc était alors exilé comme socialiste, et M. Thiers, à la rue de Poitiers. Une tête à moustache, parée du nom de Napoléon, commençait à se montrer dans l'almanach. Ce n'était pas pour rien. L'Opinion s'en empara et fit le coup que vous savez. Le prince, puisque prince il y avait, passa par chez nous. Je m'enfuis, je me cachai au fond d'un bois pour ne pas voir la foule menée par l'Opinion à cet abattoir de la liberté et de l'honneur. J'appris que les belles dames de la ville avaient étendu sous les pieds du sauveur, du nouveau Christ, leurs manteaux de soie, et lui avaient publiquement offert l'oreiller de leur chevelure, impudiques Madeleines moins l'amour et moins les larmes !

Je connus ainsi l'Opinion, et je la méprisai.

—————

J'ai su depuis qu'il existait des bureaux de l'esprit public, des officines où l'Opinion prépare ses narcotiques et ses caustiques, où l'on sert au bon public la drogue assoupissante ou excitante selon la formule, à quelques centimes le paquet. J'ai vu les apothicaires à l'œuvre, je connais l'endroit et l'envers du métier, et il n'a tenu qu'à moi d'être l'un d'eux et de servir au chaland chaque matin sa dose ou d'arsenic ou d'opium.

—————

Comme, à d'autres époques, était organisé un système de moralisation publique, aujourd'hui est organisé un système de démoralisation publique.

Les entraves de la parole et de l'esprit étant tombées, nous n'avons pas exercé la liberté par une transaction noble d'encouragements sympathiques et de dignité entre le public et l'écrivain ; nous nous sommes hâtés de nous créer une servitude en sens contraire, et une servitude d'autant plus lourde qu'elle attache les deux forçats à la même chaîne, les condamnant à s'avilir l'un l'autre.

L'écrivain, qui fait le public à son image, s'accommodant d'autre part au goût du public, rien ne s'oppose à l'abaissement indéfini de l'intelligence, si ce n'est le châtiment inévitable de cette mollesse.

Je sais bien que mon cordonnier fait ma chaussure à mon pied et à mon goût, sans que son art y perde rien ; c'est qu'en matière de chaussure, tous sont intéressés et les goûts se corrigent, resserrés dans les limites étroites de l'utilité, soumis à la prompte et évidente sanction du résultat effectif.

Rien de tel en matière d'esprit. En dehors des connaissances pratiques, immédiatement mesurables à la nature de leur objet, l'intelligence jouit d'une liberté qui lui permet de reconnaître d'autant moins son abaissement que plus elle s'abaisse. La sanction afflictive frappe l'homme sans qu'il en aperçoive le caractère. La plupart du temps elle ne l'atteint pas dans son bonheur, c'est-à-dire dans l'équilibre de ses facultés, demeurées dans un rapport normal avec les exigences du milieu. La punition ne vient alors qu'indirectement : c'est la nation entière qui est châtiée. Mais pas plus que l'individu elle ne sait d'où vient le trait vengeur. Elle accuse le sort ou reproche les fautes commises à ceux qu'elle a chargés de les commettre, trop bas descendue délire ! Combien dura-t-il ? Peu de mois. J'entendis bientôt le concert des imprécations contre les Rouges. On faisait peur des communistes aux petits enfants : pauvre Cabet ! M. Louis Blanc était alors exilé comme socialiste, et M. Thiers, à la rue de Poitiers. Une tête à moustache, parée du nom de Napoléon, commençait à se montrer dans l'almanach. Ce n'était pas pour rien. L'Opinion s'en empara et fit le coup que vous savez. Le prince, puisque prince il y avait, passa par chez nous. Je m'enfuis, je me cachai au fond d'un bois, pour ne pas voir la foule menée par l'Opinion à cet abattoir de la liberté et de l'honneur. J'appris que les belles dames de la ville avaient étendu sous les pieds du sauveur, du nouveau Christ, leurs manteaux de soie, et lui avaient publiquement offert l'oreiller de leur chevelure, impudiques Madeleines, moins l'amour et moins les larmes !

Je connus ainsi l'Opinion, et je la méprisai.

———

J'ai su depuis qu'il existait des bureaux de l'esprit public, des officines où l'Opinion prépare ses narcotiques et ses caustiques, où l'on sert au bon public la drogue assoupissante ou excitante selon la formule, à quelques centimes le paquet. J'ai vu les apothicaires à l'œuvre, je connais l'endroit et l'envers du métier, et il n'a tenu qu'à moi d'être l'un d'eux et de servir au chaland chaque matin sa dose ou d'arsenic ou d'opium.

———

Comme, à d'autres époques, était organisé un système de moralisation publique, aujourd'hui est organisé un système de démoralisation publique.

Les entraves de la parole et de l'esprit étant tombées, nous n'avons pas exercé la liberté par une transaction noble d'encouragements sympathiques et de
dignité entre le public et l'écrivain ; nous nous sommes
hâtés de nous créer une servitude en sens contraire, et
une servitude d'autant plus lourde qu'elle attache les
deux forçats à la même chaîne, les condamnant à s'avilir
l'un l'autre.

L'écrivain, qui fait le public à son image, s'accommodant d'autre part au goût du public, rien ne s'oppose à l'abaissement indéfini de l'intelligence, si ce n'est
le châtiment inévitable de cette mollesse.

Je sais bien que mon cordonnier fait ma chaussure à
mon pied et à mon goût, sans que son art y perde
rien ; c'est qu'en matière de chaussure, tous sont intéressés et les goûts se corrigent, resserrés dans les
limites étroites de l'utilité, soumis à la prompte et
évidente sanction du résultat effectif.

Rien de tel en matière d'esprit. En dehors des connaissances pratiques, immédiatement mesurables à la
nature de leur objet, l'intelligence jouit d'une liberté
qui lui permet de reconnaître d'autant moins son abaissement que plus elle s'abaisse. La sanction afflictive
frappe l'homme sans qu'il en aperçoive le caractère. La
plupart du temps elle ne l'atteint pas dans son bonheur,
c'est-à-dire dans l'équilibre de ses facultés, demeurées
dans un rapport normal avec les exigences du milieu.
La punition ne vient alors qu'indirectement : c'est la
nation entière qui est châtiée. Mais pas plus que l'individu elle ne sait d'où vient le trait vengeur. Elle
accuse le sort ou reproche les fautes commises à ceux
qu'elle a chargés de les commettre, trop bas descendue

Ce n'est point ici le lieu de faire un tableau du mercantilisme littéraire ni de la condition actuelle de cette presse, jadis honorée par de grands écrivains et des esprits sincères, et qui n'est plus que l'arme louche des partis, quand elle ne tombe pas dans des spéculations basses.

Je ne veux point nommer une société qui, sans aucune préoccupation du beau, du bien ni du vrai, différant en cela du marchand de marée de La Bruyère, a érigé en dogme le respect des intérêts professionnels et ramassé pour constituer une force toutes les médiocrités ou ce qu'il y a de moindre, dont elle se sert pour faire le vide et le silence autour du mérite; car pour elle tout talent qui n'est pas une égide est un ennemi.

Je ne la nommerai point. Il peut se rencontrer d'honnêtes gens partout.

Si des noms devaient trouver ici leur place, grands poètes, sublimes historiens, critiques ingénieux, enchanteurs du style et de la raison, maîtres admirés et vénérés jusque dans vos fautes, ce seraient les vôtres, ô génies! Votre amour de la popularité a engendré la foule innombrable des vaniteux sans savoir et sans scrupules, qui ne vous eussent pas disputé le prix des fortes pensées et de la raison, mais qui ont assez d'entregent et d'audace pour rechercher après vous les faveurs de la *grande impudique*, et qui les gagnent sur vous-mêmes.

De 1825 à 1870, vous savez où vous avez trouvé l'esprit public, et où vous l'avez conduit.

Que dire après cela de votre pouvoir ou de l'emploi que vous en avez fait ?

Le seizième siècle avait conservé ou repris de l'antiquité l'indépendance de l'écrivain à l'égard de l'opinion. Nous n'avons fait depuis que descendre.

L'écrivain, d'abord, vit par le prince et flatte le prince. Marie Stuart rappellera ainsi à Ronsard les bienfaits de Charles IX :

> Ronsart, pour le respect d'vn peu de nourriture
> Qu'en tes plus jeunes ans tu as reçu d'vn Roy...

Cependant Ronsard traite de maître à disciple le jeune prince :

> Sire, ce n'est pas tout que d'être roi de France.
> Un roi sans la vertu porte le sceptre en vain.

Et ailleurs :

> Des grands jusqu'aux petits
> Tout a perdu la honte ;
> Tout va de mal en pis,
> Et si, n'en faites compte...

> Dames et cardinaux
> Mènent trop de bagages.
> Ils ont trop de chevaux
> Qui mangent les villages.

> Ils ne font qu'empêcher.
> La cour en est trop pleine.
> L'un dût aller prêcher,
> L'autre, filer sa laine...

Un siècle plus tard, avec Racine et Boileau devant Louis XIV, nous sommes loin de ce libre langage.

Pis que l'écrivain aux gages de la royauté : l'écrivain aux gages des grands seigneurs.

Pis encore : l'écrivain aux gages du public.

———

M. Louis Blanc, en 1848, demandait (c'était générosité de sa part) que le travail littéraire ne fût pas rétribué.

Pourquoi cette exception ? Pourquoi un travail, un travail demandé, accepté, un travail qui peut être utile, ce dont nul n'est juge, ne serait-il pas rétribué ?

Certes, la dignité des lettres y gagnerait ; mais il n'y aurait plus de lettres.

On a déploré la chute de l'aristocratie comme entraînant celle du goût.

On a lamenté sur cette pauvre littérature qui n'est plus dirigée ni protégée.

On a proposé des restrictions à la liberté de la presse...

Autant de niaiseries.

Les restrictions à la liberté de la presse ne visent que l'expression des pensées sérieuses et viriles. La protection n'est qu'un bâillon. L'aristocratie n'est qu'une momie.

Et n'allez pas croire que je regrette la liaison forcée du peuple et de l'écrivain. Ce sont deux collaborateurs nécessaires l'un à l'autre. Rien de vrai sans le souffle populaire, rien de fort sans la méditation personnelle.

Le mal de l'Opinion n'est dans rien de tout cela.

Le mal est dans nos mœurs, qui devraient commander la dignité de l'écrivain et qui commandent sa bassesse.

Le mal est dans l'individu, qui, selon qu'il est ferme dans ses droits et son devoir ou s'y relâche, relève ou rabaisse les mœurs.

Le mal est dans l'institution sociale, qui forme et maintient l'individu.

Le mal est dans l'erreur qui fait dépendre l'institution sociale de l'Opinion au lieu de faire dépendre l'Opinion de l'institution sociale.

———

« La vertu a cela d'heureux, qu'elle se suffit à elle-même, et qu'elle sait se passer d'admirateurs, de partisans et de protecteurs : le manque d'appui et d'approbation non-seulement ne lui nuit pas, mais il la conserve, l'épure et la rend parfaite : qu'elle soit à la mode, qu'elle n'y soit plus, elle demeure vertu. — *Les Caractères*. »

Ce que l'affranchi des Condé dit de la vertu, entendez-le de tout ce qui compose la force de la nation et la dignité du citoyen ; et ce qu'il dit de la Mode, entendez-le de l'Opinion.

———

L'Opinion est cette divinité folâtre, vive, rapide, ailée, messagère, placée entre les autres dieux et les hommes, que les Grecs, dans leur Olympe, appelaient Hermès, et les Latins, Mercurius.

Nul dieu plus ingénieux, plus aimable ni plus joli ; nul dieu surtout plus familier avec les classes trafiquantes et interlopes. Nul meilleur valet. Employez-le : il vous servira. Confiez-vous à lui : il vous volera.

Aussi ne lui confiez que paroles et modes légères, et n'allez pas placer entre ses mains fallacieuses la foudre de Zeus, le char d'Apollon, ou la balance de Thémis.

15 octobre 1873.

Paris. — Imprimerie Moderne, Berthier, d', rue Jean-Jacques-Rousseau, 61.

ÉTUDES COMMUNALISTES

Par Junior

VIII

L'INSTRUCTION

Ni hommes, ni femmes : tous bacheliers.

L'homme vit d'autant plus qu'il connaît plus, et son bonheur étant l'équilibre de ses facultés, sera d'autant plus grand, si cet équilibre existe, que ses facultés deviendront plus compréhensives.

L'homme peut d'autant plus qu'il connaît plus, et sa moralité croît en raison de son pouvoir, dans une société bien ordonnée.

L'instruction générale croît en raison des progrès de la science, et le progrès des sociétés suit l'accroissement des connaissances et de la moralité publique.

Voilà la thèse libérale. Cette thèse est correcte. Mais la contre-partie de ces propositions est également vraie.

On peut l'exprimer ainsi :

Le développement des facultés de l'homme, quand ces facultés ne sont pas équilibrées, ne produit en lui que trouble et que souffrance.

L'instruction générale, non dirigée par un courant supérieur d'intelligence et de moralité, sert de ferment aux passions basses et pousse les sociétés à la confusion et à la ruine.

Quand, sous l'empire de causes quelconques, le lien moral s'est affaibli dans l'Etat, que le sentiment du devoir a péri dans le citoyen, que la dignité du savoir cède sous le poids des intérêts professionnels dans les classes dites libérales, que le sacerdoce n'est plus qu'un simulacre, l'enseignement une routine et le pouvoir une curée ;

Alors on décore du nom d'instruction un vernis de surface, une accumulation de mots, un entassement de notions vagues, au milieu desquelles l'homme perd et le sens personnel et l'intelligence des choses.

Alors ces éléments premiers de la vie d'un peuple,— les mœurs et le sens commun, — sont remplacés non pas par la science, qui s'exile avec la liberté de ce sol maudit, mais par les vaines clameurs de l'opinion.

Alors l'instruction n'est plus, dans la fermentation de la cuve sociale, qu'un levain putride décomposant toutes les formes et ne laissant, là où il exista un être noble, que des erreurs qui s'exhalent et des convoitises qui grouillent.

———

L'instruction est une bonne servante, qui ne saurait tenir lieu de l'éducation, sa maîtresse.

On le répète souvent en maint lieu, et on a raison ; mais, par éducation, qu'y veut-on dire ?

Le régime du prêtre, c'est-à-dire, dans la France du XIXᵉ siècle, une pure négation sociale.

Le temps est passé des Nicole et des Arnauld, de ces religieux de Port-Royal, esprits droits, hommes forts, qui virent dans la religion l'affranchissement et se proposèrent de former par une méthode sévère de bons citoyens, des corps sains, des cœurs virils.

Ils conservèrent du XVIᵉ siècle ce qu'il avait d'héroïque, ils transmirent au XVIIIᵉ siècle ce que le leur avait . Entre la noble tradition des anciens Parlements et le souffle nouveau de l'*Encyclopédie* et de l'*Emile*, leur enseignement et leur exemple établirent les mœurs de cette patiente et honnête bourgeoisie dont les derniers représentants devaient rédiger les cahiers de 1788 et la Constitution de 1791, puis déclarer en thermidor leur tâche finie.

L'institution de l'enseignement révolutionnaire ne parvint pas à prendre racine dans le sol trop remué.

Les plans de la Convention étaient excellents, en ceci comme en bien d'autres choses. Mais ce furent des plans.

On ne saurait, en un jour ni en quelques années, détruire tout ce que la Révolution avait détruit, et façonner et régler et mettre en branle un nouvel organisme. Il y faut du temps, bien des hésitations, bien des oscillations et des reflux.

La Révolution, l'idée nouvelle, forte de son unité' occupée de ramener à son principe tout le système de la vie nationale, rencontra l'appareil réfractaire des circonscriptions anciennes et le brisa. Du même coup, les usages, les mœurs. Du même coup, l'ordre des successions et le caractère sacré du mariage, c'est-à-dire le fondement de la famille, qui, dépouillée de ses attributs sacramentels et de l'enveloppe rigide des mœurs publiques, n'est plus qu'une ligue à base d'égoïsme étroit.

La famille, avec ses incises profondes dans le sol, conservatrice des traditions morales, gangue première des facultés de l'homme qu'elle embrasse tout entier, était, au même titre que la province, l'ennemie née de l'idée révolutionnaire. Aussi la Révolution jette l'enfant en dehors, rêve pour lui une éducation toute publique.

Le milieu fit défaut. La nation, lasse de secousses intérieures, se jeta dans le compromis politique de l'Empire et dans le compromis religieux du Concordat, sans rien rétablir ni achever qui eût forme et vie.

Ce régime de compromis aboutit à la séparation de l'instruction et de l'éducation, qui devinrent l'une et l'autre des instruments de dissolution, la première, créant des individualités étrangères et indifférentes au sentiment des droits et des devoirs sociaux ; la seconde, imprégnant l'âme des effluves malsains d'un milieu hypocrite, sans principes et sans hauteur.

Les choses n'en vinrent là que peu à peu.

Lorsqu'un peuple a vécu d'une vie puissante, il n'en vient pas d'un seul coup à accuser les conséquences d'un changement qui lui enlève le principe de sa vie.

Le rayonnement d'astres éteints depuis des milliers d'années trompe encore notre regard, au dire des astronomes.

Un train précipité par la force de la vapeur conserve une partie de sa vitesse longtemps encore après que la cause de son mouvement a été supprimée.

Ainsi en est-il d'une nation, dont les apparences perfides ne peignent pas tant le fond de son état actuel que de son état antérieur.

Souvent une décadence réelle accompagne des dehors de puissance et de grandeur, et c'est, par contre, au sein des troubles et sous les fouets de la misère que la force et l'unité de la nation se recomposent.

De là vient que l'intelligence française, d'une apparence si brillante au sortir des serres impériales, a échoué misérablement aux dates lugubres de 1851 et 1870, montrant par la vanité de ses produits politiques à notre époque, que tout cet éclat du romantisme et de l'éclectisme n'était que le regain des grands siècles.

De là viendra sans doute aussi que nos épreuves actuelles, activant le lent et obscur effort de la conscience du peuple et des intelligences solitaires, auront préparé l'éclosion d'une renaissance.

Un confident de Napoléon, M. de Narbonne, disait un jour à un jeune professeur qu'il protégeait et qui s'appelait Villemain :

« L'empereur veut que son règne soit signalé par de grands travaux d'esprit, de grands ouvrages littéraires. Être loué comme inspirateur de la science et des arts, être le chef éclatant d'une époque glorieuse pour l'esprit humain, c'est l'idée qui le flatte le plus ; et il s'impatiente de la lenteur des grands talents à paraître, quand il les demande. N'ayant pas d'abord réussi par en haut, il reprend de plus bas, à la racine de l'édifice, et il veut que de fortes études saisissent de bonne heure la jeunesse et suscitent les talents supérieurs. Seulement, il entend que tout cela soit d'accord avec le pouvoir concentré de l'empire et que la pensée agrandie par son règne tourne dans son orbite. »

Voilà sur quelle illusion fut fondée l'Université de France.

L'auteur impérial de l'institution n'avait oublié qu'un point, comme le singe montreur des merveilles de la lanterne magique, — à savoir, d'éclairer la lanterne.

Car le flambeau qui crée les génies et développe l'instruction, c'est la liberté.

Quand un peuple est asservi aux volontés d'un homme, ce peuple n'a pas de vie organique, et partant ne peut produire rien de puissant.

—

Après l'illusion de courte durée du despotisme, nous eûmes celle de la liberté.

La compression impériale ayant cessé, ce qui restait de l'esprit de la Révolution remua de nouveau l'âme de la France, un peu corrigée de son abandon d'elle-même. Les études, amies de la paix, brillèrent rapidement d'un vif éclat, et plein des radieuses espérances que faisait naître cette efflorescence nouvelle , le général

Foy s'écriait, en 1825, à la suite d'une visite à la Sorbonne qui eut un moment l'importance d'un événement politique :

« Quel noble pays que cette terre qui donnait, il y a douze ans, de si vaillants conscrits pour les champs de bataille d'Espagne ou de Russie, et qui, aujourd'hui, peuple nos écoles d'une si brillante jeunesse ! Quels avocats, quels magistrats, quels futurs députés dans cette jeunesse ainsi nourrie de grec, de latin, d'histoire, de droit public... »

Nous l'avons bien vu. Ces députés furent ceux qui nous conduisirent au 2 Décembre; ces magistrats furent ceux du second empire, et ces avocats ont défendu Paris après le 4 Septembre.

———

Et à présent, sans offense à la mémoire de l'éloquent général, nous avons mieux que cela.

Qu'est-ce que le grec et le latin? Des mots, rien que des mots! Les petits messieurs qui les apprennent sur les bancs pour l'examen se hâtent de se débarrasser ensuite de ce bagage, et ce leur est chose facile.

A quoi sert l'histoire? L'histoire des rois et des empires est immorale. Un tas de superstitions et de cérémonies bouffonnes!

L'histoire contemporaine, à la bonne heure! Pourvu qu'on n'y parle ni des campagnes de ce bandit de Napoléon, ni des niaiseries du libéralisme et de l'éclectisme, ni du Concordat, ni de la Constitution, ni de la Charte ou autres fadaises semblables.

En quoi tous ces replâtrages nous intéressent-ils? Ou c'est la répétition de la déclaration des droits, et nous pouvons l'avoir pour deux sous avec des fleurons en couleur au coin de la page, ou c'est autre chose, et nous n'en voulons pas entendre parler.

L'histoire contemporaine, c'est l'histoire de la guillotine, du socialisme, des grèves et de l'Internationale.

Qui parle encore de la politique ? Qu'avons-nous de commun avec la politique ? Pourquoi nous occuper de savoir ce qui se passe dans les Etats voisins ? Tout cela n'a pas d'importance, puisque nous allons à la fédération universelle, et qu'il n'y aura bientôt plus de lois ni de gouvernements.

Etudier les législations étrangères ? Il faudrait avoir du temps à perdre. Puisqu'on vous dit qu'il n'y a plus d'étrangers par le temps qui court ! Et si ce n'était ces maudites syllabes anglaises, allemandes et russes, qui nous donnent du mal à prononcer, personne ne s'apercevrait que nous sommes angevins ou bretons. Mais l'un de nos amis est en train d'y pourvoir. Il prépare une langue universelle, et quand nous l'aurons, nous rirons bien des questions de frontières.

———

Ah ! nous avons fait du chemin depuis 1825 ! Quels progrès ! Quelle hardiesse de vues ! Quelle diffusion de lumières !

L'économie sociale, voilà la vraie science, c'est-à-dire la seule, et nous y sommes tous de la même force, jeunes et vieux.

Ecoutez les conclusions de nos docteurs, et vous verrez que rien n'est plus facile à saisir, ni plus aisé à appliquer.

———

Premier docteur :

« Vous êtes la grande famille de la terre, la famille des exploités et des déshérités ! Vous êtes nombreux comme les épis de blés ! Vous êtes larges et solides comme des crics, bien plantés comme des chênes ; vous n'avez qu'à vous prendre par la main un beau matin de colère, et tout bonnement à danser en rond autour de ce qui vous gêne, pour le broyer comme un œuf !

« Faut-il donc vous aiguillonner, vous pousser par

vos flancs creux, vous montrer votre huche sans pain,
vos enfants étiques; les petits des autres bien joufflus,
pour vous faire aller de l'avant et vous forcer à mar-
cher vers *l'avenir qui doit vous sauver?*

« Allons donc, misérables! Si vous avez trop de
crasse sur votre camisole de force, trop de clous à vos
souliers; si vous avez la poussière des siècles entassée
sur vos besaces, les toiles d'araignées de la misère sur
vos haillons, secouez-vous! Frémissez! Faites trem-
bler votre peau comme les chevaux quand on les cin-
gle; et la crasse et la poussière et les toiles d'araignées
iront, çà-et-là, s'étaler sur les beaux habits, sur les
chapeaux à plumes, sur les chamarrures, sur les manteaux d'hermine des gueux de la haute volée, qui bril-
lent comme des soleils en exploitant votre misère et
votre inertie.

« Vous le voyez bien, l'égalité ne tient qu'à un coup
d'épaule. Donnez-le donc (1) ! »

Second docteur :
« Il est temps que le peuple sorte du brouillard des
théories et des rêves, et se retrempe dans la *virtualité
de son principe (?)* ; il est temps qu'il se souvienne que,
par suite de l'oppression où ils sont réduits, la plupart
de ses enfants en sont revenus au droit que confère
l'état de nature, et que, dans l'état de nature, on ne
discute pas avec l'oppresseur : on le tue (2) ! »

Troisième docteur :
« Il n'y a plus de faux-fuyants, plus de phraséologie
ni d'ambages parlementaires, ni de compromis falla-

(1) J.-B. Clément. Novembre 1871.
(2) E. Vermersch. 1873.

cieux, ni d'équivoques doctrinaires, ni de suppléances artificielles ; plus de romantisme politique ni de démocratie formaliste.... La trompette du jugement social a donné le signal du duel sans trêve et sans merci.

« Quant aux moyens exécutifs que la Révolution doit mettre en œuvre pour appuyer ses droits, ils doivent être tels qu'ils témoignent que le prolétariat a enfin conscience de la valeur de sa cause et de sa propre dignité ; qu'il est debout devant ses oppresseurs ; qu'il combat contre eux de plain-pied, sans égards, sans hésitation, sans pitié (1). »

Voilà ce que l'on enseigne au peuple et ce que le peuple comprend. La recette est simple :

— Le peuple souffre parce qu'il est opprimé. Pour qu'il cesse de souffrir, il suffit de tuer l'oppresseur.

C'est un mensonge. Car ceux qui poussent ainsi le peuple aux fureurs et aux massacres n'ignorent pas que, s'il y a oppression, elle résulte de l'état social auquel nous sommes tous participants, et que l'oppresseur c'est chacun de nous ; qu'il ne servirait de rien de changer les rangs et de supprimer les personnes ; qu'au reste, la souffrance est inhérente à la nature humaine, que l'idée du bonheur absolu est un non-sens, que les améliorations lentes sont seules au pouvoir de l'homme, que le progrès est une évolution, que les transitions brusques sont les plus douloureuses, que les classes pauvres supportent tout le poids des désordres publics ; que la dignité de l'homme, unie à sa liberté, succombe sous la violence, de quelque côté qu'elle souffle.

Mais ce mensonge plaît au peuple, qui n'épargne ni

(1) Cercle d'études sociales de Londres. Déclaration du 18 mars 1873.

son sang ni sa misère, pourvu qu'il dresse le piédestal de quelque sophiste ignorant.

Les massacres de 1871, joints à ceux de 1848, n'ont pas rebuté la confiance du peuple dans ses courtiers de mort.

Si quelqu'un tente de le retenir au bord d'un nouvel abîme, celui-là est traité en ennemi.

Le peuple, comme l'a dit Barbier, aime, soldat ou tribun, « celui qui tue. »

L'avidité des écrivains connaît son faible et en use, sans souci des conséquences.

Plus d'un contempteur de la foule laborieuse, d'exilé politique devenu cavalier fringant et député, oublie qu'il occupa ses anciens loisirs à pousser le peuple aux folies sanglantes dans quelque Testament républicain.

Mainte plume bourgeoise, entre deux cigares de la Havane, s'est permis ces petites débauches-là, qui contresignera un jour les édits d'un gouvernement de l'ordre.

Coquetterie pure! Souvenir piquant et qui fait bien dans la pénombre des voluptés satisfaites.

— Au temps où j'étais socialiste et amoureux d'une grisette.

— Vous! pas possible!

— Si fait, si fait, belle dame! J'ai même été un terrible révolutionnaire et un fort mauvais sujet. On me voyait dans tous les clubs, et c'est où j'ai gagné cette habitude de la parole...

— Qui vous a si brillamment servi dans votre dernier réquisitoire contre ces misérables insurgés.

— Et conduit au banc ministériel.... Précisément.

Quand on suit pas à pas l'enseignement socialiste depuis le commencement de ce siècle, on le voit des hauteurs théoriques de Fourier passer par les doctrines aristocratiques et idéocratiques de Comte et de Saint-Simon, pour tomber dans l'ornière de la fraternité sans essor avec Cabet, de l'égalité brutale avec Proudhon, de la tyrannie industrielle avec Louis Blanc. Un pas de plus, et l'ornière devient un trou noir où les apôtres Clément, Vermersch et Leverdays, revenus des illusions du « romantisme politique » et de la mansuétude démocratique, ont fait asseoir, pour tout idéal le dieu du meurtre.

Ceux qui s'appellent jacobins ou fédéralistes, socialistes ou révolutionnaires, mutualistes ou internationaux, se rencontrent du front et des mains dans la sentine sanglante.

Et c'est leur condamnation et leur fin.

En présence de cette issue de l'enseignement socialiste, il est permis d'espérer que le peuple de nos grandes villes, sentant son cœur battre plus haut que les haines impuissantes et les orgueils en déroute de ses anciens chefs, cherchera autre part ses inspirations morales et politiques.

Mais que trouvera-t-il? Cette question renouvelle mon embarras.

Je vois bien qu'on s'accorde, dans le camp républicain, à demander la laïcité de l'enseignement devenu obligatoire, c'est-à-dire une laïcité d'Etat, en d'autres termes, la négation religieuse érigée en institution d'Etat.

Mais je ne vois pas trop ce que peut être cette institution toute négative.

Je vois qu'un parti se fait de l'instruction publique une arme contre un autre parti.

Je ne vois pas qu'il ait pour objet l'instruction même et le développement de l'éducation générale.

C'est un aphorisme fréquemment répété en Angleterre, que « l'unique principe reconnu par les hommes d'Etat pratiques en matière d'éducation publique, est la nécessité d'instruire le peuple d'une manière ou de l'autre, » et que « il y aurait folie à rejeter le concours offert, pour atteindre ce but, par les diverses sectes religieuses. »

En France, au contraire, nous n'avons pas souci de savoir comment le peuple sera instruit, pourvu qu'il ne le soit pas par nos adversaires religieux et politiques.

De plus, nous sacrifions à cette préoccupation le soin même de nos intérêts politiques, en lui faisant litière de ce qui devrait nous être à cœur avant toute chose, notre liberté.

Certes, je demande avec vous que l'Etat n'ait pas de religion. Mais qu'il professe la négation religieuse, qu'il l'enseigne et qu'il impose cet enseignement : il ne saurait s'élever une prétention plus monstrueuse, et je n'hésite pas à déclarer que ceux qui l'ont formulée ont dressé le plus insurmontable des obstacles contre la pénétration de l'idée républicaine dans les esprits et dans les mœurs.

Or je ne suis pas plus qu'eux ami de l'enseignement clérical.

Je le juge antinational, antihistorique, antihumain, faux, hypocrite, immoral, dissolvant.

Je ne pratiquerais pas à son égard la confraternité courtoise que peuvent observer entre elles les diverses communions de l'Angleterre, réunies dans les mêmes vues libérales et nationales.

Conformistes et non-conformistes, anglicans, presbytériens, haute et basse Eglise, baptistes, quakers, wesleyens, luthériens, évangélistes, unitariens, méthodistes anciens ou nouveaux, sont tous anglais.

Tandis que le prêtre catholique, en France, n'est pas Français : il est Romain.

Nous avions autrefois, au sein de l'Eglise, deux partis : l'un ultramontain, l'autre national.

Malgré les regrets de quelques académiciens, de quelques évêques peut-être, qui aujourd'hui, en France comme en Irlande, comme aux Etats-Unis d'Amérique, comme ailleurs, dit catholique, dit ultramontain.

. Du jour où l'Eglise nationale a été la Révolution, c'en fut fait de l'Eglise gallicane.

· Depuis lors sont survenues les définitions du Concile de Rome, qui ne laissent plus de place aux transactions. Cette fin était forcée, et les deux nouveaux dogmes de l'Eglise romaine, celui qui concentre dans les mains du pape l'autorité de l'Eglise, celui qui fait appel aux forces féminines contre les facultés mâles, à la grâce contre la raison, enfin les déclarations toutes politiques du *Syllabus*, audacieusement acceptées par des membres du gouvernement actuel de la France, sont une déclaration de guerre à mort, sur notre sol, entre le vieux principe romain et le jeune principe national.

Il faut extirper du sein de la France le cancer romain, mais non en atrophiant l'organe malade, ce qui serait un étrange remède.

Il faut combattre Rome par les armes de la liberté, obscurcir son génie par l'éclat d'un autre génie.

Et c'est où échouent misérablement les petits moyens empiriques de nos rebouteurs d'Etat.

———

J'entends parler d'une nouvelle Ecole ; je reçois de nouveaux livres. Je prends et je lis :

« Quand on ne croit pas en Dieu, on ne discute pas la divinité de Jésus (1). »

C'est-à-dire, dans la pensée des auteurs : — La

(1) Yves Guyot et Sigismond Lacroix. *Etude sur les doctrines sociales du christianisme.* 1873.

négation de Dieu est le commencement de la sagesse.

Ceux qui ont écrit cette ligne font au christianisme plus de bien que de mal.

Rétablir l'idée religieuse dans sa pureté, dans sa hauteur ; éclairer par la philosophie cette conception de l'unité divine hors de laquelle il ne saurait y avoir ni unité sociale, ni unité humaine, ni science, ni raison, ni aucune loi, ni aucune certitude, qui est la plus sûre de toutes les affirmations de la conscience et de la raison et la clef de voûte de toutes les autres ; en faire saillir aux regards du peuple les aspects sensibles ; coordonner dans leur combinaison vivante, et idéalement pour celui qui pense, et formellement pour celui qui sent, les rapports multiples des êtres, depuis l'atome élémentaire jusqu'à la synthèse divine ; donner à chacun la connaissance et le sentiment du degré qu'il occupe dans la série universelle et de ses rapports avec les autres termes, c'est-à-dire de ses droits et de ses devoirs ; poser ainsi le respect de tous sur chacun et instituer en chacun l'amour de tous, par la vue intellectuelle et sensible de la solidarité et de l'harmonie...

Ce serait arracher au sphinx théologique son secret et le forcer à se précipiter lui-même de son rocher, vaincu par l'homme.

Mais n'offrir d'autre pâture à l'intelligence que l'analyse abstraite de la matière ; à l'âme, que les satisfactions mécaniques de l'instinct ; à l'activité, que le culte du corps ; aux passions nobles de l'esprit que les courbes nues des évolutions de la mort ; n'approcher des lèvres altérées de vie que la coupe froide du néant, et dire aux peuples :

— Troupeaux humains créés par une nature aveugle pour bêler la haine et le besoin entre deux éternités de non-être, tout ce que vous avez cru jusqu'à présent et qui a fait la grandeur et la puissance de votre vie, cet idéal moral et religieux qui a été la source de vos vertus, le souffle de vos arts, la base de vos institutions... voilà l'infâme qu'il faut écraser pour votre bonheur futur, et cet infâme s'appelle Jésus ! et tant que vous n'aurez pas étouffé la parole de Jésus, la majesté de l'idée divine sera au milieu de vous, et cette présence de l'idéal, de l'infini, de l'éternel, de l'absolu au milieu de vous, ce qui vous élève au-dessus de la bête obscure, vous exalte, vous purifie, vous égale à Dieu, c'est Jésus !

Parler ainsi aux peuples chrétiens, n'en doutez pas, matérialistes, c'est vous condamner à demeurer parmi les hommes une secte impuissante de négateurs et c'est tendre à immortaliser le culte de celui que vous divinisez.

Voltaire ne s'y était pas trompé. Son œuvre, anti-chrétienne, était savante et religieuse : aussi a-t-il ébranlé le christianisme.

La vôtre n'est que le blasphème de l'ignorance, et vous rejetez dans les bras de l'Eglise les consciences trop peu éclairées pour voir que le génie moderne ce n'est pas vous.

———

L'instruction n'est pas seulement employée comme une arme religieuse, mais aussi comme une arme politique.

Tout bon républicain est persuadé qu'une dose suffisante de lecture du *Petit journal*, du *Gaulois* ou du *Figaro*, rendra tous les Français républicains.

Ce serait un médiocre résultat. Pour faire une république qui travaille et qui vive, il ne suffit pas d'opinions républicaines : il faut des mœurs républicaines, ce que les lectures ci-dessus, quand même vous y ajouteriez tous les petits livres des bibliothèques à cinq sous ou à deux sous, et les miens dans le tas, ne parviendront pas à nous inculquer.

———

Nous sommes tous d'accord sur un point : C'est qu'un homme n'est libre, ne fait réellement partie de la société civile, qu'autant qu'il sait lire et écrire.

Je n'ajoute pas compter, ce qu'il sait toujours suffi-samment. Ses erreurs de comptabilité viennent de ses mœurs, non de son ignorance du calcul.

Ainsi armé, il sera d'ailleurs ce que le fera son milieu, et emploiera ses armes au mal ou au bien, selon son éducation.

Or qui, sérieusement, hors du prêtre, notre ennemi, se présente aujourd'hui comme éducateur du peuple?

Je prouverai, au chapitre de *l'Ecole*, que les direc-teurs de l'instruction publique n'ont eu, en France, qu'un but depuis le commencement du siècle :

— Enerver l'esprit par l'enseignement.

Ils y sont parvenus.

Nous savons peu ce qui forme le bagage matériel de l'instruction, — sciences ou lettres.

Nous ne savons pas dû tout ce qui fait des hommes. Ce qui fait des maîtres, où le prendrions-nous?

———

Instruire le peuple! ambition grotesque de la bour-geoisie sans savoir et sans mœurs qui nous gouverne, et des valets en habit noir de son université officielle!

Il faudrait renoncer à toute espérance et tirer le drap noir sur notre avenir, si nous en étions à attendre de là le salut du peuple.

Heureusement le peuple se sauve lui-même et tire de sa propre vie organique le principe de sa bonne éducation.

Heureusement notre fausse instruction lui est de peu.

Car l'homme peut être un, et cette instruction de surface qui, quand elle le saisit, le divise et le place en contradiction avec lui-même, n'est pas seulement oi-seuse : elle est dissolvante, elle est mortelle.

20 octobre 1873.

Paris. — Imprimerie Moderne (Barthier, d^r), rue J.-J.-Rousseau, 61.

ÉTUDES COMMUNALISTES

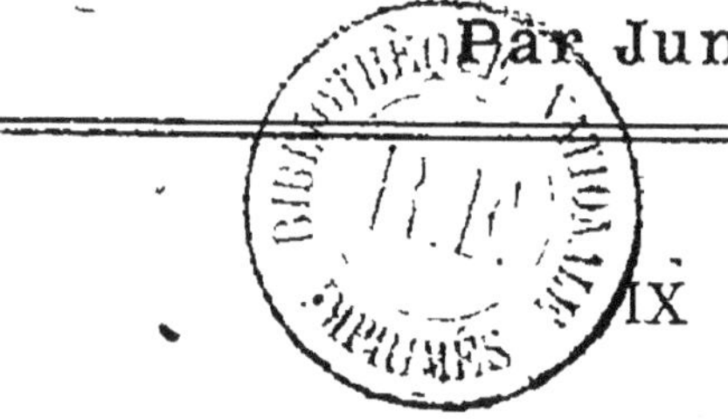

Par Junior

IX

LA MATIÈRE

Tandis que l'homme se vante
De son règne sous les cieux,
La matière, sa servante,
Devient son âme et ses dieux.

L'engin trompeur qui l'invite
A vivre par moins d'effort,
Ne le pousse que plus vite
Aux antres sourds de la mort.

L'algèbre a cousu des marges
Au livre des appétits ;
Et par des chemins plus larges
Nous nous faisons plus petits.

On a dit : — Le propre de la matière, c'est l'inertie.

Or, je ne m'explique point ce qu'on entendrait par l'inertie de la tempête, des combinaisons chimiques ou de la foudre.

On a dit encore : — L'attribut de la matière, c'est l'impénétrabilité.

Or, j'avoue ne pas comprendre davantage l'impénétrabilité de la chaleur, de l'électricité, de la lumière.

M'opposerez-vous que chaleur, électricité, lumière, sont des propriétés de la matière, mais ne sont pas la matière même?

Qu'appelez-vous donc matière? Ce qui est visible et tangible?

Les gaz peuvent n'être ni visibles, ni tangibles, et cependant les solides se résolvent en gaz.

Ce qui est pondérable, c'est-à-dire soumis à l'attraction centripète?

Quel rapport entre cette propriété fondamentale et l'idée d'impénétrabilité? Comment, d'autre part, la concilier avec l'inertie?

Devant une étude un peu attentive des transformations incessantes de la matière, que deviennent les déclamations ressassées par certains spiritualistes sur sa prétendue lourdeur et grossièreté?

—

Je ne sais si jamais un philosophe ancien, — c'est-à-dire du temps où les mots signifiaient pour leur employeur quelque chose, — a distingué deux sortes de *substances*, l'une appelée matière, l'autre esprit.

Je crois que non.

Je n'ignore pas qu'ils s'exprimaient ainsi, que les stoïciens tenaient ce langage, que Virgile écrit d'après eux : — « *Mens agitat molem*, L'esprit anime la matière; » — et que la Genèse sémitique avait vu l'Esprit un dominant les éléments fluides, tandis que la Genèse hellénique plaçait *au ventre du Chaos* l'Amour manifestant les formes de la vie (1).

Je sais aussi que les ombres des morts étaient assimilées par les poètes à un vent léger, que *psyché* ou *anima* — l'âme — veut dire *souffle;* que les divinités

(1) *Théogonie* hésiodique. Vers 116 et suiv. des éditions vulgaires.

dites *psychopompes* ou conductrices des âmes, n'étaient autres que les divinités du vent.

D'où il résulte que l'esprit et l'air étaient jugés de même nature, et que la fameuse distinction de l'esprit et de la matière n'était jadis, en langage vulgaire, que celle des solides et des gaz.

Aucun homme instruit ne s'est arrêté à cette naïve image. La tranformation des solides en liquides et en gaz était d'observation courante. On y ajoutait, au début des systèmes physiques, celle de la vapeur d'eau en air par sublimation, de l'air en chaleur, en électricité, en lumière; de la lumière en intelligence.

On connaissait la transformation inverse du feu et de l'humidité en substance solide.

L'unité de substance et de système fut le dogme premier des philosophies primitives.

Mais, considérant l'ensemble de la série universelle, on avait constaté que toute vie est le résultat de l'antagonisme de deux principes, l'un d'identité ou d'unité, l'autre de changement ou de diversité. Figurant l'un et l'autre par des expressions sensibles, on appela le premier *esprit*, le second *matière*.

Hulê, la matière, c'était, pour les philosophes grecs, ce qui s'écoule et périt. *Noûs*, l'esprit, c'était l'incorruptible et l'un.

De cette distinction purement abstraite est sortie, par un épaississement judaïque et barbare, la grossière spécification de la matière et de l'esprit dans les écoles chrétiennes, spécification qui persiste encore, malgré l'enseignement plus noble de la physique, dans notre langage, notre littérature, notre morale.

Mais n'oublions pas que, pour les anciens philosophes, *heîs Theos*, Dieu est un, la vie est une, la matière et l'esprit, confondus dans l'être, sont identiques.

Telle était la doctrine des mystères.

Et telle est la conclusion de la science moderne.

Inertie, impénétrabilité, ne sont que des états ou des manières d'être, des relations, des apparences.

L'inertie nous paraît attachée à la solidité; et la solidité résulte de la cohésion, qui est une force, c'est-à-dire l'opposé de l'inertie.

Au-dessous de la matière solide, c'est-à-dire douée de la force de cohésion, vous avez, par un retrait de vie, la poussière.

Mais la poussière est un amas de particules douées séparément du principe de cohésion, c'est-à-dire de vie. Retirez cette vie, et vous arrivez au néant.

Le retrait de la chaleur et de la vie ne produit pas, comme aucuns le supposent, la pétrification, mais l'évanescence.

Les globes célestes, privés de vie, retourneraient à rien.

La mort n'est qu'apparente. Il n'y a pas de matière morte.

L'atome est le produit élémentaire de deux principes antagonistes et nécessaires l'un à l'autre.

Rien n'est simple, rien n'est inerte, rien n'est mort. Le monde ne se compose que des évolutions infinies de la vie.

Matérialisme et spiritualisme sont des mots mal faits, défroques de l'école. Il n'y a désormais en présence, sur le terrain de la doctrine, que la science et l'ignorance des lois de la vie.

———

Donc, il n'y a pas deux substances distinctes, dont l'une soit matière, l'autre esprit. Mais ces expressions correspondent aux deux pôles de l'être universel.

Tout ce qui a vie participe de l'être absolu, jouit des deux pôles. Tout est Dieu.

Mais l'être a ses degrés, qui se mesurent à la conscience que chaque terme possède de la vie universelle, de l'unité.

Ce mot *conscience* ne s'applique habituellement qu'à l'homme. Nous ne pouvons imaginer ni la conscience élémentaire des êtres inférieurs, ni une conscience supérieure à la nôtre.

Nous voyons du moins combien la conscience de l'universel, tout en étant de même nature chez tous les hommes non déments ou idiots, varie d'intensité, de précision, d'étendue, entre les divers sujets.

La vie de l'homme a deux aspects : l'un dit matériel, l'autre moral, selon qu'elle regarde l'un ou l'autre des deux pôles.

La vie matérielle est plus marquée de nécessité; la vie morale, plus susceptible de développement.

D'où il suit que la vie morale est le but, et la vie matérielle, le moyen.

On peut distinguer un intermédiaire, la vie esthétique, qui participe à la fois de la vie matérielle et de la vie morale.

Chacun de ces aspects de la vie humaine offre lui-même divers degrés, soumis à des lois analogues.

Nous ne considérons ici que la série matérielle.

———

Nous l'avons déjà définie : son caractère, c'est la nécessité; son effet immédiat, c'est le développement de la vie esthétique; son but, le développement de la vie morale.

Pour chacun, l'outillage de l'action se compose des forces qu'il se peut subordonner.

Le sol et le sous-sol, les éléments, le climat, les minéraux, les végétaux, les animaux, l'homme même pris comme instrument, sont, pour celui qui les emploie, son outillage.

Pour la volonté d'un homme, ses propres facultés physiques, intellectuelles et morales, autant qu'il en est maître et les fait servir, sont de l'outillage.

Le savoir, c'est de l'outillage.

Une armée est un outil aux mains du conquérant.

L'homme d'Etat a pour outillage la volonté unie des citoyens.

Rien d'essentiel ne limite la notion de l'outillage ni son emploi.

Quand des personnages doctes nous disent gravement que la civilisation se développe proportionnellement au perfectionnement de l'outillage, ils disent gravement une niaiserie.

Et c'est sur cette niaiserie que vit la prétendue science professée au Collége de France sous le nom d'économie politique.

L'économie politique remarque bien aisément qu'à mesure que l'homme a développé son génie social et ses connaissances, il a étendu davantage son pouvoir sur la nature et amélioré les conditions de sa vie matérielle.

Cette extension et cette amélioration sont une des formes de l'évolution humaine appelée progrès.

Sans contredit.

Mais l'économie politique ne s'en tient pas à cette observation facile et inoffensive. Elle attribue à une partie de l'outillage ou des forces applicables à l'action ce qui appartient à l'ensemble de ces forces, et commet dès lors une double erreur.

Car, pour ce qui est du moyen, elle néglige les forces principales, qu'elle prétend libérer et qu'elle neutralise ;

Et, pour ce qui est du but, elle nous propose comme fin le progrès matériel, qui n'est, dans un bon ordre, que la base du progrès moral.

Ce n'est pas qu'elle professe ces conséquences. Elle respecte la vie morale, mais la relègue dans l'indifférence des dieux de Lucrèce. Elle aboutit ainsi, malgré son respect, à l'énervement des forces morales et à la suppression de la vie morale, et par suite à des désordres économiques dont elle ne découvre pas le secret, semblable à une poule qui a couvé des canards et ne s'explique pas qu'ils barbottent.

—

L'homme est un, ses forces sont reliées, ses développements sont solidaires, et une véritable économie politique serait une science bien plus difficile et plus haute que celle qu'on professe au Collége de France et en maint autre lieu.

Je ne reproche point à la physique et à la chimie de ne pas connaître des forces morales.

Je ne ferais pas davantage ce reproche aux sèches nomenclatures de la statistique ou à telle autre branche spéciale de l'économie politique, à celle, par exemple, qui traite des diverses transformations réelles du capital-monnaie, du crédit, de la valeur.

Mais qui ne voit que l'économie politique se propose un tout autre objet ?

A la théologie, qui repousse les progrès matériels comme contraires au progrès moral, l'économie politique, faisant office de philosophie, est venue répondre que les progrès matériels sont la condition et la source du progrès moral.

Aux traditions prudentes et étroites de la protection commerciale et industrielle, l'économie politique, faisant office de science d'Etat, est venue opposer les hardies et larges formules du libre échange.

L'illustre économiste qui vient de mourir au milieu de l'indifférence de ses concitoyens, M. John Stuart Mill, était le chef d'une école de logique, de morale, de sociologie.

L'école économique, comme l'école physiologique,

n'est rien de moins qu'une école de philosophie universelle.

Et à ce titre, il faut exiger d'elle qu'elle embrasse toutes les parties de son objet.

———

Il n'est pas dans la nature des problèmes de la consommation et de la production d'être résolus séparément des questions que soulève le jeu des forces morales, sociales, intellectuelles.

Cette simple proposition élémentaire : — « La civilisation progresse en proportion des perfectionnements de l'outillage, » — devient incorrecte dès qu'on l'entend exclusivement de la possession des instruments mécaniques.

Elle reste vraie d'une vérité sommaire. Car il est bien certain que les âges de pierre et de fer ont correspondu à des états différents de la société civile, et que l'homme qui se nourrit de blé a d'autres qualités intellectuelles que celui qui se nourrit de glands.

Mais, franchement, combien cette base d'évaluation des progrès des sociétés laisse-t-elle de latitude au critère ! Quel vague ! Quelle indécision ! Quelles étapes immenses entre les jalons plantés à travers l'histoire par le progrès économique !

Je regarde l'origine des sociétés indo-européennes, et les textes sanscrits, qui sont loin d'être eux-mêmes contemporains de cette origine, me permettent de remonter à des milliers d'années avant notre ère. Je trouve que ces anciennes sociétés que nous continuons ont connu tout le principal de notre vie matérielle.

Les preuves que nous découvrons des connaissances mécaniques de l'antiquité effraient le savoir moderne.

La Chine, depuis plusieurs décades de siècles, est en possession de l'imprimerie et de la boussole : qu'en a-t-elle fait ?

La plus grande révolution humaine a été l'introduction de l'écriture phonétique et littérale : la classez-vous parmi les révolutions économiques ?

Avant telle invention célébrée par la science économique, les races humaines avaient vécu, et des populations sont mortes de faim après cette invention et en possession de cette invention.

—

Je gage qu'il se trouvera quelque spirituel académicien pour rejeter tranquillement la responsabilité du passé par ces seuls mots :

— C'est qu'alors l'économie politique n'était pas née.

En vain lui opposerez-vous son époque. Il vous répondra fort à son aise :

— C'est qu'on n'a pas écouté l'économie politique.

Mais, sur cette réponse, il conviendra d'écarter par une fin de non-recevoir indéfinie sa présomption emphatique, et de l'attendre aux preuves.

—

Ne raisonnons que sur les faits. Les faits nous disent que le progrès matériel et le progrès moral s'enchaînent et sont nécessaires l'un à l'autre ; mais la formule n'est exacte que si l'on suit la double évolution sur une assez longue échelle.

Les deux mouvements sont parallèles, mais ils ne sont pas simultanés.

L'arrêt de l'un se communique à l'autre, mais à échéance.

Celui des deux qui précède l'autre et peut dans une une certaine limite le dominer, est le mouvement moral.

Tout progrès matériel dérive d'un progrès intellectuel et moral, et tout progrès intellectuel et moral annonce un progrès matériel.

Au contraire, un progrès matériel purement mécanique n'entraîne pas nécessairement un progrès intellectuel et moral.

Ce sont là des vérités dont l'Europe actuelle nous fournit de frappants exemples. Le progrès matériel de l'Allemagne contemporaine a suivi une période de progrès moral. L'affaissement moral de la France de 1870 a suivi une période de progrès mécanique.

Il est à espérer que la France trouvera en elle les forces morales nécessaires à sa nouvelle évolution historique ; mais de nouvelles découvertes mécaniques n'y sauraient suffire.

Le progrès mécanique est semblable à une arme qui vaut selon la main qui en use et par laquelle un enfant se blesse lui-même.

Tour à tour point d'appui ou cause de chute, selon le caractère des époques et le degré de sagesse des nations.

La matière, — si l'on entend par ce mot l'ensemble des forces brutes ou inconscientes, — veut être dominée par une intelligence libre.

Quand c'est elle qui mène, l'abaissement de la dignité des personnes achemine rapidement à la décadence nationale.

Je ne mesure pas la vitalité d'un peuple à son chiffre d'exportations et au capital de ses banques.

C'est là le signe d'une grandeur qui se continue, mais il ne contient pas l'avenir.

Je fonde mon calcul sur la fidélité des épouses et sur le respect des fils pour les pères.

Ceci est le signe et la condition de la grandeur future.

***

Certaines inventions ont des destinées .très-diverses.

La photographie, par exemple, est un auxiliaire merveilleux de la micrographie, de la physique, de la géographie, de l'étude de l'art...

Elle est funeste à l'art lui-même, le supplée, l'appauvrit, le déshonore.

En répandant à bon marché des types convenus, elle achève de détruire l'originalité, la naïveté des inspirations locales.

En mettant aux mains de chacun la portraiture de toute sa famille pour quelques francs, représentation telle qu'on peut l'attendre des manœuvres dont tout le talent consiste à pointer le foyer d'un objectif, elle communique aux objets sacrés qu'elle touche sa banalité.

A la place de la galerie auguste des portraits de famille, graves et relevés par l'art ou du moins par les nobles traditions du goût et des mœurs, nous avons l'album, qui traîne sous les doigts du premier venu, sur le guéridon du salon, c'est-à-dire le chef-d'œuvre de la promiscuité contemporaine, commençant par la série des figures impériales ou royales, près desquelles von Moltke coudoie Trochu, et von Bismarck, M. Thiers; continué par les vues de la Suisse et les incendies de Paris, et insérant entre deux danseuses publiques l'effigie à quinze sous de la mère et de l'aïeule.

C'est la démocratie de l'art, dit-on.

— Soit! si vous entendez par démocratie, la mort.

Le ver du tombeau est démocrate, comme un album.

***

Le télégraphe électrique n'a guère servi, jusqu'à présent, qu'à préparer des coups d'Etat et des coups de Bourse.

Je reconnais, toutefois, qu'en permettant d'un point à l'autre du globe les communications rapides, il favorise l'émigration, la vie en dehors, la dislocation des nationalités.

Quelques théoriciens l'en félicitent. Je n'ose les suivre dans cet engouement pour les dissolutions de peuples. J'assiste pensif et attristé à ce grand œuvre de la chimie sociale. Je crois à la divinité de la forme. Je crois, comme le grand poète Auguste Barbier, reprenant l'image hésiodique, que le monde irait

> Plonger, faute de forme, au ventre du chaos.

Je vois les formes qui s'en vont, et n'aperçois pas celles qui viennent. Je n'aperçois, au fond du creuset où notre décomposition s'accélère, qu'une poussière qui se précipite et une synthèse qui périt.

Nous ne pouvons encore apprécier les résultats économiques et politiques de notre énorme dépense en voies ferrées, matériel roulant et vapeur.

On nous avait promis le bon marché des subsistances : nous avons eu jusqu'à présent leur renchérissement excessif.

Nous avons eu l'écoulement de nos produits, et nous sommes menacés de la cessation de notre production.

Nos campagnes ont bénéficié d'une mise en valeur rapide, foudroyante. C'est une plus-value une fois payée, déjà mangée par l'agio, la guerre, le Prussien.

Les prix de revient ayant augmenté en proportion des prix de vente, nous sommes revenus aux conditions du début avec des habitudes de dépense et de mouvement en plus, lesquelles nous n'aurons pas longtemps le moyen de satisfaire.

Voici que l'Amérique produit son fer et manufacture son coton, à la grande épouvante de Manchester et de Leeds.

Tandis que nos grandes maisons de Cognac épuisent les trois-six du Nord en manipulations frauduleuses, l'Allemagne nous devance sur les marchés de spiritueux.

Par une nouvelle édition de la révocation de l'édit de Nantes, nous avons jeté à l'étranger nos meilleurs faiseurs des articles de Paris, au bénéfice des manufactures rivales.

Le besoin des acheteurs diminue du même train que la supériorité du travail national s'amoindrit.

Un va-et-vient improductif, l'énormité des pots-de-vin, l'accroissement du nombre des agents parasitaires, les déficits masqués par les fictions du crédit, la disparition graduelle de la richesse réelle sous une richesse nominale, la production infinie du superflu, l'abandon des voies naturelles, la négligence des aménagements du sol, le passé oublié, le présent risqué, l'avenir engagé ; tout un peuple, corps, biens et âmes, emporté par une locomotion à toute vapeur avec l'appétit brutal pour chauffeur et l'aventure pour gouverneur de la machine.....

Voilà le système :

————

Si nous n'en pouvons pas encore induire les conséquences, nous savons pleinement dès aujourd'hui ce qui a résulté de l'application du magnétisme à la direction des navires, condition de la grande navigation.

Le monde s'est connu, l'œuvre de l'évolution générale s'est accomplie, des populations ont été massacrées, d'autres ont été réduites en esclavage ; des terres sont devenues désertes, d'autres ont été défrichées et peuplées ; de grandes nations ont péri par l'intoxication de l'or, d'autres nations ont grandi par l'industrie, et celles qui ont paru mortes peuvent renaître par la force de la flamme intérieure, et celles qui ont paru toutes-puissantes et immortelles peuvent succomber par l'expansion sans limite de leur virtualité intérieure...

Tous ces résultats simultanés.

Le bien, le mal ; le haut, le bas ; la richesse, la pauvreté ; la liberté, la tyrannie ; la lumière, les ténèbres : tout est contenu dans cette boîte de Pandore qu'on nomme la Matière.

C'est à l'intelligence qu'il appartient de connaître le meilleur lot. C'est à la bonne éducation des peuples et à la bonne politique des Etats, de le faire sortir.

———

On commence, en Angleterre, à s'apercevoir que les fameuses lois économiques de l'offre et de la demande, données par les grands hommes de l'école utilitaire comme le suprême régulateur des fonctions sociales, ne règlent rien et ne furent que palabres.

Je traduis littéralement ce qui suit dans un récent numéro du *Weekly Times* :

« La formation d'une association des *maîtres du fer et du charbon* du pays de Galles pour combattre les Unions des ouvriers, et la disposition de ces derniers à résister à outrance et à quitter la localité plutôt que de se soumettre à des conditions pires qu'ils n'ont fait jusqu'ici, sont des faits d'une sérieuse importance, non-seulement eu égard au grand nombre des personnes directement ou indirectement intéressées dans la querelle, mais aussi comme faisant connaître une disposition très-générale des capitalistes d'une part et des travailleurs de l'autre. De tous les côtés, nous entendons les capitalistes se plaindre que les demandes des hommes excèdent ce que les bénéfices permettent d'accorder, — constater que l'industrie quitte le pays, — et déclarer qu'un effort énergique doit être fait en vue d'obtenir par un certain chiffre de salaires une plus forte somme de travail. Les arguments s'appuient sur les chiffres de l'exportation et de l'importation, lesquels démontrent qu'après une *violente expansion* des affaires et une énorme élévation dans les prix du fer et du charbon, sans parler de l'accroissement considérable du prix de plusieurs autres articles, nous sommes arrivés à la *descente*. L'état actuel des choses était depuis long-temps prévu, et il n'y a point lieu d'être surpris de la panique américaine et des autres signes avant-coureurs de tempête qui semblent indiquer l'approche de temps difficiles, en tout cas pour certaines industries.

« Il est clair que si les ouvriers ont obtenu leur large part des avantages résultant d'une demande extraordi-naire, ils n'ont aucun lieu de se plaindre de l'abaisse-ment de leurs salaires, le jour où les bénéfices de leur industrie diminuent. Mais, tandis que les capitalistes veulent réduire le travailleur à l'insensibilité de leurs madriers et de leur charbon devant l'inflexible applica-tion des lois de l'offre et de la demande, l'ouvrier se refuse à être traité comme les simples rouages d'un mécanisme, et tente, avec plus ou moins de succès, de modifier en sa faveur les doctrines et les lois écono-miques. »

Telle est, dès aujourd'hui, la situation en Angle-terre. Et je vous parlerai un jour de la France et du Creusot.

La fin de la lutte, dans les termes nus du combat économique, je ne la vois que trop.

Coalition contre coalition, guerre civile, appauvrissement, famine, dépopulation, chute nationale :

Voilà les fruits nets de la doctrine.

On nous promettait la richesse : la ruine arrive.

On ne veut pas avouer que la fortune de certains peuples a eu jusqu'ici pour condition la misère d'autres peuples.

Tablez sur l'égalité des races humaines réglant leurs rapports par la justice : somme du régime, la pénurie universelle.

La statistique devrait dire cela et se tait.

Le télégraphe électrique aurait une belle occasion de se rendre utile, en réglant la production ; mais il ne sert qu'à faciliter la tyrannie industrielle, à accroître la dépense stérile.

———

Les salaires montent, — pour un temps.

Prétendez-vous qu'ils montent toujours ? — Je veux admettre, quoique téméraire, votre hypothèse. Empêcherez-vous les prix de monter du même pas ? les besoins, les convoitises d'aller plus vite, tandis que l'amour du travail sera en baisse ? Poursuivez quelque temps de ce train-là, puis établissez votre bilan.

Beaucoup de bruit pour rien, beaucoup de pas sur place, beaucoup d'efforts sans besogne, et le trou des générations qui se creuse :

Voilà, livré à lui-même, le progrès matériel.

Il développe les antagonismes : là se borne son rôle. Nous devons chercher ailleurs la loi de son équilibre.

10 novembre 1873.

Paris.—Imprimerie Moderne (Barthier, dr), rue Jean-Jacques-Rousseau, 64

ÉTUDES COMMUNALISTES

Par Junior

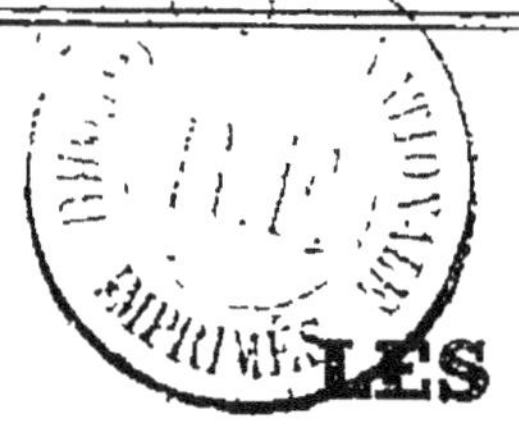

X

LES MŒURS

> Les habitudes ne se surmontent
> que par les habitudes.
>
> EPICTÈTE.

———

Les mœurs sont le caractère d'une société.

Elles sont mauvaises ou bonnes selon que la société s'abaisse ou qu'elle s'élève.

Elles sont les régulatrices souveraines de l'économie générale.

La sincérité, l'équité des rapports commerciaux et industriels des citoyens dépendent des mœurs, ou mieux, sont une manifestation des mœurs.

Ne cherchez pas à régler directement par des lois les rapports du capital et du travail, ceux de la consommation et de la production, la richesse et la pauvreté, l'éducation et la tutelle, les fêtes et le culte, l'honneur et le goût : les mœurs ont seules qualité pour cela.

Elles seules possèdent la clef de ce qu'on a appelé les contradictions économiques.

———

De quoi résultent les mœurs ?

De tout.

Des lois naturelles, du climat, de la race, du tempérament, de l'accident, des phases sociales, de la politique, de la science, du progrès matériel, des institutions, de la religion, des lois civiles, de l'instruction, de la mode et même de la morale.

Les mœurs résultent de tout cela, et par conséquent ne dépendent de rien de tout cela.

Il est insensé de prétendre corriger les mœurs par les édits.

Il est également insensé de croire que les mœurs ne comportent pas de correction.

Il est plus insensé que tout, de s'imaginer qu'on changera les conditions de l'ordre social sans commencer par les mœurs.

Ces propositions vous paraissent-elles étranges et contradictoires ?

Si je vous disais, abordant un ordre de conceptions plus familier :

Il est insensé de soutenir que le médecin change à son gré le cours de la maladie.

Il est également insensé de prétendre que le médecin ne peut exercer aucune action sur la maladie.

Il est plus insensé que tout, de vouloir que le médecin supprime la maladie, sans rendre à la santé l'organisme malade....

Si je parlais ainsi, vous m'accuseriez de formuler gravement des propositions trop évidentes.

Et cependant, ce que j'ai dit des mœurs revient exactement à ces propositions trop évidentes.

Dans un cas comme dans l'autre, il y a un sujet malade ou sain, — là une société, ici un individu.

Dans un cas comme dans l'autre, la maladie ou la santé résulte d'un grand nombre de causes diverses, qu'il n'appartient à personne de supprimer dans leur ensemble, vu qu'elles sont plus ou moins intimément liées à la constitution même de l'organisme.

Dans un cas comme dans l'autre, il y a des lois qu'il faut observer, des faits qu'il faut constater, des circonstances que la raison ne peut induire.

Dans un cas comme dans l'autre, l'homme prudent et éclairé peut user de sa liberté pour produire des circonstances nouvelles, contrebalancer les conjonctions funestes et aider à l'organisme à rentrer dans sa norme et dans l'accomplissement de sa loi.

Dans un cas comme dans l'autre, l'organisme que l'on considère étant un, il serait oiseux de poursuivre un autre but que son rétablissement ou son maintien dans sa condition normale.

Je ne parle pas des soins particuliers qu'il faut laisser au tailleur des cheveux, au rogneur d'ongles et à l'épilateur : soins utiles, mais qui n'ont rien à voir avec le principe de santé ou de maladie.

De même donc que la pratique du médecin suppose la connaissance d'abord de l'organisme qu'il doit traiter, ensuite des fonctions de cet organisme, ensuite des accidents qui peuvent survenir dans le jeu des organes et dans l'accomplissement des fonctions, enfin des topiques dont l'action, semblable ou contraire, peut corriger les déviations produites par ces accidents;

De même, quiconque se propose de corriger un mal public, doit s'attaquer aux mœurs, connaître leur nature, leur fonction, leurs phases diverses; distinguer ce qui tend à l'accomplissement de la loi de ce qui est accidentel et anormal; s'efforcer religieusement de respecter l'œuvre de la nature en écartant les causes éventuelles de désordre et de déviation, et faire appel pour cette besogne aux moyens enseignés par l'expérience.

Le philosophe par la doctrine, l'instituteur par la prédication, le citoyen par l'exemple, l'homme d'Etat par le gouvernement, l'homme de génie ou de découverte, par la production de termes nouveaux, y collaborent.

L'un peut y être plus conscient de son œuvre et l'autre moins.

Mais l'œuvre est la même pour tous.

———

Il faut donc dénoncer l'erreur de ces physiologistes qui, se désintéressant dans toute thérapeutique, assistent froidement à l'agonie de l'être, en font un objet de conversation pour les oisifs, et disputent au drap funéraire le corps devenu bon pour l'amphithéâtre, sans avoir disputé à la mort l'être encore bon pour la pensée et la volonté.

Comme le désordre intestinal ou cérébral, le désordre social existe, et quand il n'existerait pas à certains moments de l'histoire d'un peuple, il serait à prévoir; vu qu'il arrive aussitôt que la vigilance de la raison s'est endormie. Ceci est la règle des Etats comme des personnes. L'instinct et la nature ne suffisent pas; car la nature est complexe et comporte l'accident; ou elle s'oppose à elle-même, et dès que l'instinct cesse d'être secondé par la raison, il est perverti par ce qui revêt l'apparence de la raison.

———

Il faut dénoncer également l'erreur de ces politiciens ignorants, de ces empiriques d'Etat, qui ne demandent qu'à trancher, tailler ou essayer leurs panacées, ou réciter leurs mystérieuses oraisons, bornant leurs vues à l'aspect immédiat et tout externe du désordre qu'ils aperçoivent, prétendant arracher d'un coup habile ce vice organique dont ils ne connaissent que le stigmate, et demandant à leur foi naïve la guérison que la longue étude ou ne garantit pas ou fait trop attendre.

Ce n'est point en se substituant au jeu normal et spontané des virtualités d'un peuple, en suppléant les données de sa nature par les hypothèses des systèmes, qu'on le rendra plus fort, plus moral et plus libre.

L'intelligence ne vaut pour l'action sociale qu'autant qu'elle se conforme aux lois de l'instinct des peuples et va consultant la force des choses.

> Car la dignité d'un être
> Est de marcher en avant
> Des choses, et de connaître
> Les lois en les observant.

En un mot, les sociétés vivent et grandissent de leur propre mouvement et à condition que les forces intelligentes et libres qu'elles contiennent connaissent ce mouvement et y concourent, condition contenue elle-même dans la proposition principale, loin de lui être contradictoire.

———

Il résulte de ce qui précède, que la loi civile et politique doit s'appliquer à la correction des mœurs, mais ne doit le faire qu'avec beaucoup de réserve et subsidiairement à l'action libre des citoyens.

Celle-ci, en effet, est comme une émanation directe des mœurs elles-mêmes, un retour des forces propres de la société sur l'état de la société. La sincérité, l'opportunité, la mesure sont les caractères naturels d'une telle action ; tandis que les remèdes prescrits par la loi ont toujours le caractère de ces *substituts* médicaux qui ne subviennent au défaut de la force naturelle qu'en *altérant* le système vital, qui déshabituent l'être de sa fonction en la remplissant pour lui, deviennent quelquefois indispensables et atrophient l'organe qu'il fallait, au contraire, fortifier.

L'autorité légale ne doit intervenir dans les questions de mœurs qu'en cas de péril social.

Sans doute, aucun domaine n'est interdit à la loi, et plus les sociétés avancent dans la connaissance de ce qui leur est utile et nuisible, plus s'étend le terrain de la loi.

Mais plus s'élève, du même train, la responsabilité morale, et plus l'autorité morale doit tendre à rendre inutile l'emploi de l'autorité légale.

La série humaine, comme la série naturelle, part de la nécessité pour monter à la liberté. Le progrès consiste, non à détendre, mais à limiter les réglementations de la force.

———

Nous sommes tellement habitués, en France, à rejeter toutes les responsabilités sur l'Etat et à lui demander l'accomplissement de tout ce qui nous paraît juste, que nous n'hésitons pas à lui remettre nos plus précieuses prérogatives et que nous nous sommes depuis longtemps déshabitués d'agir par nous-mêmes dans les affaires dont l'accès devrait être le plus sévèrement interdit à l'Etat et à la loi.

Au point de mollesse et d'oubli de nos devoirs et de nos droits où nous sommes descendus dans ces questions, il ne nous paraît même plus possible de secouer notre impuissance et notre torpeur, tant nos bras et nos cœurs sont liés par des chaînes que nous nous sommes forgées nous-mêmes, et tant notre amour de l'unité politique nous a fait perdre le sens de la solidarité sociale.

Si quelque ligue indépendante ose se proposer, chez nous, un but d'intérêt public, tout s'y passe en discours ; d'argent peu, d'établissement point ; de rapports suivis entre les membres, d'effet quelconque rendu sensible par leurs actes, d'autorité personnelle, d'exemple, de concours mutuels, de ligue enfin, rien ; au-dehors, l'indifférence, sinon la moquerie publique ; résultat dernier, la rédaction d'un programme livré à l'imprimeur et l'invocation de la toute-puissance de l'Etat.

Ainsi un peuple déjà esclave court au-devant d'une plus basse servitude !

Il faut sortir de France, franchir le détroit, regarder l'Angleterre, pour trouver des ligues actives, des hommes libres, des esprits indépendants, un sentiment des droits et des devoirs, une responsabilité individuelle, des mœurs, une société.

Je ne suis point prêt à prononcer sur notre avenir les dernières paroles, à crier à la fin ni à la décadence de notre vie nationale.

Il faut distinguer les instincts de la direction des instincts.

Nos instincts sont-ils encore bons pour l'action et le progrès ? Je l'admets. Si je cessais de l'admettre, je cesserais d'écrire. Car je ne fais point œuvre de rhéteur. La parole, pour moi, ne vaut que si elle est un acte. Et quelle action poursuivre, si nous en étions venus à mépriser notre nature ?

Je crois que nos instincts restent bons, et je les ai défendus, l'an dernier, devant un public toujours charmé d'exhaler je ne sais quelles rancunes, je n'ose dire celles de l'inélégance, contre les modes et les fantaisies parisiennes, et de sourire, derrière les stores baissés de sa vie murée, à notre dénigrement complaisant de nos mœurs.

Une feuille anglaise ayant, dans ses colonnes très-libérales, laissé par quelque plume cosmopolite insulter la femme française, je fus admis (chose inouïe, m'assure quelqu'un), à relever le gant, champion peu avoué, au nom de nos sœurs et de nos mères, ce que je fis ainsi (1) :

LA FRANCE ET LA FAMILLE

« Les Français, naturellement discrets et même respectueux en ce qui touche la vie du foyer des étrangers, sont très-malins et très-caqueteurs à l'endroit de leurs propres défauts, tandis que ce qu'il y a d'honorable et de sérieux dans la vie française cherche pudiquement l'ombre et le silence.

L'esprit qu'on prête aux Français paraît surtout dans cette légèreté de montre avec laquelle ils étalent et exagèrent leurs frivolités et leurs vices, comme s'ils se complaisaient à voir les lorgnettes des visiteurs se poser gravement sur ce qui n'est souvent que de simples charges d'atelier.

Cette espièglerie, notamment vis-à-vis de l'Angleterre, a pour conséquence d'éloigner de la sympathie et de l'accord deux peuples dont les intérêts sont en beaucoup de points solidaires.

A cette cause de mésestime et de défiance entretenue contre nous de ce côté du détroit, s'ajoutent les caractères de la littérature française contemporaine, qui, s'accommodant ordinairement au goût des lecteurs, semble devoir servir de critérium pour connaître ce goût et les mœurs dont il résulte.

---

(1) *The Examiner*, 7 septembre 1872. *English Wives and French Wives.* — 23 novembre 1872. *Home Life in France.*

Mais rien n'est plus délicat à déduire que de telles conséquences.

D'abord la littérature agit plus sur le goût que le goût n'agit sur la littérature, et quand une littérature s'abaisse ou se relève, cela tient à des causes plus générales que ce fait particulier et secondaire qui est la mode.

Ensuite, de ce qu'un certain public cherche de certaines distractions, cela ne prouve pas que ce genre de distractions représente le fond de sa vie; cela prouve souvent tout le contraire.

L'histoire de la littérature est pleine de ces contrastes. Des sociétés très-licencieuses ont eu la mode des prédications morales et des civilisations raffinées ont eu le goût de l'idylle champêtre.

Si, ne s'arrêtant pas à des signes ambigus, on regarde au fait, on verra que, depuis bien des années, la province suit en littérature le goût de Paris, qu'à Paris c'est une minorité superficielle qui représente l'opinion, et que cette minorité, uniquement amoureuse du piquant et du nouveau, reçoit sans examen ce que lui fournissent certains organes, certaines coulisses et certains étalages, où la pièce qui se joue et le roman qui se noue ne sont pas toujours ceux qui sont en montre.

———

« Je demandais un jour à un Anglais :
— Qu'est-ce que Paris à votre avis ?
Il me répondit :
— C'est une ville où l'on s'amuse.
Absolument comme il eût dit de Bade :
— C'est une ville où l'on joue.
Eh bien, il est possible que Paris soit une ville où les étrangers s'amusent; mais je dois leur dire que pour les hommes qui composent à un degré quelcon-

que l'effort et la puissance de Paris, Paris est autre
chose :

— C'est une ville où on lutte et où l'on travaille.

On a été quelque peu surpris au dehors de la constance du peuple de Paris, constance malheureusement
gratuite et passive, durant un long siége, et aussi des
proportions homériques de la lutte qui a suivi.

Un grotesque a pu s'écrier dans son journal tintinnabulesque :

— Parisiens, nous faisons de l'histoire.

Et quelle histoire vous nous faisiez, vous et vos
amis, monsieur Ulbach !

Mais le peuple de Paris n'avait pas changé pour cela
ses habitudes. Le champ de l'action s'était déplacé ;
l'intensité de l'action était la même. Ce qui est latent
dans la vie ordinaire s'est trouvé un moment mis en
surface : rien de plus.

———

« On ne peut nier que le régime impérial, issu d'une
lâcheté publique et représentant le dernier terme de
l'évolution du règne de l'argent constitué en dignité,
en principe et en loi, ait mis en surface tout ce qu'une
phase sociale à son déclin laisse émerger de turpitudes.

Or, loin de m'effrayer de ce qu'on en a vu paraître,
j'ai lieu de m'étonner, étant admis le caractère de cette
période, que le mal n'ait pas été plus général et n'ait
pas exercé des ravages plus profonds.

Il est vrai que nous ne sommes pas au terme.

Quoi qu'il en soit de l'avenir, le moment actuel est
préférable à la situation précédente, puisque la société
française, sourde avant 1870 à tous les appels de la
raison, mise brusquement en face des faits, est avertie.

Il est à désirer que cet avertissement lui profite ;
mais le désespoir serait aussi funeste et inopportun
qu'une aveugle sécurité.

La société dont je parle est certainement viciée dans ses organismes généraux et il n'est aucune de ses parties qui ne se ressente de cette maladie générale ; mais jusqu'ici le plus grand nombre de ses éléments sont encore capables de force sinon actuellement énerg'ques, capables de santé sinon sains. La maladie dont souffrent ces forces élémentaires leur est extérieure, non intérieure, et par conséquent est susceptible de remède : une nouvelle coordination y suffira.

« Les feuilles publiques ont enregistré les faits reprochés à l'avidité de membres éminents de notre administration militaire ou civile.

Soit.

Mais de combien de petits employés publics a-t-on même mis en doute la délicatesse ? Or les petits employés, c'est une partie de la France, et je n'hésite pas à affirmer que la probité rigoureuse de cette catégorie de citoyens fait le plus grand honneur à la nation.

J'en dirai autant de l'immense majorité des ouvriers.

Qu'on juge comme on voudra les sentiments politiques qui s'agitèrent dans la guerre civile de 1871 ; mais il est un fait au-dessus de toute discussion : la masse des individus qui combattirent pour la Commune étaient probes.

C'est une vérité reconnue en France : le *peuple* est honnête.

Travail et probité sont synonymes : or le peuple se plaint souvent du chômage ; du travail, jamais.

La question sociale telle qu'elle est posée, non pas par quelques énergumènes, mais par le sentiment public, c'est la question des garanties du travail.

Et qui dit probité, pour le peuple, dit la vertu tout entière ; car le peuple ne fait pas de distinctions subtiles. La femme de l'homme probe est chaste. Les principes d'honneur, dans le peuple, sont sévères.

La bourgeoisie anglaise forme des sociétés pour la moralisation du peuple ; rien de tel n'est possible en France, où l'une des causes des soulèvements populaires est l'immoralité reprochée aux gens qui gouvernent.

Ces sentiments, dans l'ouvrier des villes, ne sont fondés ni sur une tradition, ni sur une croyance religieuse, mais simplement sur les idées démocratiques, qui n'ont encore rien produit dans l'ordre économique et politique, mais qui ont eu ce résultat moral.

« Dans toutes les classes lettrées non adonnées au mercantilisme, la règle de la famille est austère.

Ces classes n'ont pas encore dit leur dernier mot. Il y a plus : issues de 1789, et contemporaines du règne de l'argent, elles n'ont pas encore dit leur premier mot. Leur émancipation qui sera prochaine, et leur développement par l'appel aux virtualités intellectuelles renfermées dans les classes ouvrières, auront des conséquences très-larges. Là gît, non soupçonnée, sous le glacis administratif, une de nos réserves de force.

Fait consolant, qui prouve que l'instruction n'est pas stérile, que nous n'avons pas en vain eu Port-Royal, Corneille, Descartes, Bossuet et Montesquieu ; qu'il y a un progrès humain qui rayonne au-dessus des transitions douloureuses des peuples, et que les grands siècles laissent après eux des traces lumineuses dont les âmes qui se retirent en elles-mêmes sont éclairées.

« La population rurale, partout où n'ont pas pénétré les voies ferrées, ne subit que lentement l'influence des révolutions de mœurs.

Beaucoup d'usages y tombent en désuétude; par contre, les conditions du travail s'y améliorent.

La dignité humaine y gagne ce qui est perdu en naïveté.

L'honneur des femmes y est maintenu par la même cause que dans le passé, qui est la vie à jour, la pression de l'opinion locale ; et partout où le fils habite la maison du père, où les nouveaux représentants de la famille restent au village, le principe du respect subsiste.

La conscription, qui arrache par ordre tant de membres de la famille agricole à leur vie normale, ne les corrompt pas toujours : plus d'un, après avoir connu les désenchantements de la vie d'aventures, les vides extérieurs, rentre au nid plus alerte et plus joyeux. C'est sur le champ de bataille et dans la caserne que le jeune soldat apprend souvent le culte du foyer et de la mère.

D'ailleurs la conscription et la guerre ont toujours été en horreur à l'habitant des campagnes, très-peu ouvert aux idées générales qui mènent l'ouvrier des villes, et chez lequel l'instruction acquise plus largement chaque jour, instruction puisée surtout dans les faits et accompagnée d'une réflexion lente et profonde, ne contribue pas à diminuer cette horreur. Les désastres de 1870 l'ont exaltée, et il y aurait là une sérieuse base d'opération pour un parti politique qui apporterait des garanties de paix et de sécurité.

Depuis la dernière guerre, un mouvement de concentration s'opère dans le village et dans la famille rurale. Le paysan français, qui a sauvé la nation au xvᵉ siècle et à toutes les époques où les folles doctrines et les entreprises téméraires l'avaient perdue, toujours fermé à ce qu'il ne lui appartient pas de connaître et partant aux illusions et aux erreurs, toujours prêt à relever nos ruines par son travail, sa sobriété, sa longue patience, puisant ses forces de la terre comme Antée et invincible sur cette base, poursuit aujourd'hui son œuvre sans s'occuper de nos théories économiques et sociales ; et nos sociétés de crédit auront épuisé leurs actionnaires et nos systèmes creux et sonores auront épuisé leurs adhérents, qu'il la poursuivra encore, procédant de lui-même et fournissant son blé, son sang et son or, à ceux qui croient le gouverner et dont il n'attend rien.

Le paysan produit : ce n'est pas assez ; il faut qu'il conserve et qu'il se développe par ce qu'il conserve.

Pour cela, il faut que son œuvre ne demeure pas séparée de l'œuvre de la science pour tomber sous les serres de l'homme de proie.

Le rapprochement de la science et du travail sur le terrain même de leur double application créera pour la morale et pour la famille un nouvel avenir.

Mais les éléments de cette construction nouvelle ne sont pas à imaginer, ils existent.

———

« Même dans les petites villes où les rapports fréquents avec Paris, les migrations continuelles, l'influence délétère de l'esprit de spéculation ont détruit la famille dans sa forme ; même dans la partie de la société actuelle la plus emportée dans le tourbillon du luxe considéré à la fois comme but et comme moyen, de la dissipation de ses ressources et de soi-même, de la morale d'occasion et de la vie aléatoire, — l'immoralité de l'individu n'est que l'exception, ou du moins cette immoralité est-elle relative, limitée, composée de tempéraments.

La fidélité de la femme dans le mariage est encore très-bien portée dans la société bourgeoise et commerçante, et si le mari est trompé, il est rare qu'il y consente, comme il faisait, dit-on, au siècle dernier.

L'esprit français y a perdu peut-être ; mais certes la moralité y a gagné.

———

« Le caractère essentiel des classes demi-marchandes, demi-lettrées, n'est pas l'immoralité : — c'est un changement dans les rapports moraux.

Le père n'exige plus le respect du fils : il prétend à son amitié.

Un père français du xvi⁰ siècle, le président Pasquier, écrivait à son fils partant pour la guerre :

— Bien qu'il ne pût pas vous arriver de plus grand bien que de mourir pour votre pays, souvenez-vous que votre vie peut lui être plus utile que votre mort.

Il est rare qu'un père noble de notre temps écrive de pareilles lettres ; mais il n'était pas rare, dans la dernière guerre, de voir le père s'enrôler avec le fils, et le prêcher d'exemple en se faisant tuer sous ses yeux.

J'ai dit bien du mal de l'argent devenu roi et dieu, ainsi que de ceux qui le servent uniquement ; mais je veux, en matière de mœurs, faire amende honorable au bourgeois de Paris.

Voltairien jusque sous les obus, il ne brave guère la mort pour sa dame idéale comme au temps des paladins ; mais je l'ai vu la braver en souriant, le cigare aux lèvres, par pur respect de lui-même.

La force des liens s'est relâchée, mais la dignité individuelle subsiste, et vous qui pensez mal des familles françaises, n'insultez pas la sienne devant lui, si vous êtes sage.

« M. Emile de Girardin, reproduisant un de ses vieux thèmes, veut rétablir la famille française par la suppression de la paternité.

Je ne discuterai pas son utopie : la nature lui répond.

Pour moi, je ne supprime rien.

La famille nouvelle existera quand elle aura trouvé le milieu propre à son évolution. La question doit être ramenée, comme celle de l'instruction et de l'Eglise, à celle qui les contient toutes : la constitution du milieu social. »

———

Je n'ai rien à changer à cette conclusion.

Je crois que nos instincts restent bons, que nos vices sont susceptibles de réforme.

Je crois que la politique, où tout se résume aujourd'hui en France — c'est notre plus grand malheur, mais de cette arme unique encore faut-il nous servir,— peut quelque chose pour notre reconstitution morale, aux conditions suivantes :

Des institutions au lieu de phrases ;

Un milieu réel vivant, complexe, organique, au lieu de l'idéologie de cabaret, de balcon ou de tribune ;

La nature des choses comprise, obéie ;

Le salut des mœurs demandé aux mœurs mêmes, à leur plein exercice, à leur franchise, non aux expédients de police ou aux rêveries de cabinet ;

Enfin, la solution des problèmes sociaux demandée aux mœurs

Je crois, à ces conditions, notre correction possible.

Je crois que notre direction est mauvaise et que les principes y font défaut.

15 novembre 1873.

Paris. — Imprimerie Moderne, Barthier, d', rue Jean-Jacques-Rousseau, 61

XI

LA SCIENCE

' Science aux regards d'or, aux entrailles de fer

Nous avons défini le rôle de la science considérée comme mère du progrès mécanique, et nous sommes arrivés à cette conclusion : que l'équilibre matériel, le développement matériel, ne peuvent être donnés que par l'institution sociale, le progrès mécanique n'ayant pas par lui-même cette vertu, n'atteignant pas cette fin.

Nous avons suivi la science dans sa pénétration au sein du peuple par l'instruction, et nous sommes arrivés à cette autre conclusion : que l'instruction ne vaut qu'après et d'après l'éducation, laquelle dépend de l'institution et des mœurs.

Nous avons maintenant à regarder la science faisant fonction politique et directrice, à lui demander quel est son droit à y prétendre et où son règne nous conduirait.

Je ne lui prête point gratuitement cette prétention. On l'affiche souvent en son nom, et beaucoup de bonnes gens l'ont pour elle et attendent d'elle le salut.

Les peuples seront heureux quand les philosophes seront rois.

Voilà ce que les rhéteurs de toutes les époques ont répété et fait répéter à leurs disciples.

Aucun temps et aucun peuple plus que le nôtre n'a fondé ses espérances sur la manne scientifique et demandé sa direction à la nuée de feu.

Quoi de plus simple, en effet? Quoi de plus juste?

La science au sommet de l'ordre social, c'est le ciel sur terre. Après cela il n'y a plus rien à désirer; il faut se croiser les bras et se reposer dans l'éternelle béatitude!

Qui a dit la science a tout dit, et si toi, qui ne la possèdes point, tu ne veux pas te laisser béatifier par la science, on saura bien t'y forcer. La science, comme la justice, a pour sanction la force. C'est du moins ce que nous enseigne l'école révolutionnaire de ce temps-ci.

— Dans l'ordre politique, point d'autre but que le triomphe, *à tout prix*, des trois grandes lois de la société : le Travail, la Science, la Justice.

Tel est leur programme, signé, pêle-mêle avec des gens aujourd'hui déportés ou morts, par le citoyen Ranc et autres députés de Versailles ou conseillers municipaux de Paris (1).

Ce langage ne te semble peut-être pas très-clair bonhomme. Mais il n'est pas nécessaire que tu comprennes : la science et la justice révolutionnaires s'en chargent pour toi. Tu as bien lu ces mots : *à tout prix?* Voilà l'essentiel; et si tu ne les comprends pas, tant pis pour toi, car c'est sur ta peau qu'aura lieu la démonstration de ces empiriques.

Elle a déjà commencé, dis-tu? — Ce n'est rien. Frotte-toi les reins et apprête-toi à voir la suite, et, si tes yeux ne s'ouvrent pas à la science et à la justice révolutionnaires, à défaut d'intelligence, tu sentiras l'*à tout prix.*

------

(1) *La Renaissance*, février 1869.

Ne t'imagine point, d'ailleurs, que l'*à tout prix* soit ni nouveau ni la propriété d'une école : c'est le plus vieil expédient de la politique et le mot de tous les tyrans. Machiavel a donné des leçons de cette doctrine, et tous nos maîtres — maîtres par les verges — se les sont appropriées l'un après l'autre.

Encore, quand un Richelieu plaçait au-dessus de toute loi le salut public, — *salus populi suprema lex esto*, — défendait-il un ordre établi par des moyens connus et éprouvés, et au nom de l'autorité acquise, de la responsabilité acceptée, du péril immédiat.

Où M. Ranc et ses amis se font les paladins volontaires d'une idée vague, peut-être creuse, — je dis creuse et fausse, — et prétendent par leurs moyens empiriques en obtenir le triomphe à tout prix, — ce prix fût-il la guerre sociale, pire que la guerre civile, le massacre d'une classe par l'autre et la ruine de la nation. Ces messieurs connaissent la valeur des mots et la glose d'*à tout prix* nous a été suffisamment donnée.

Je suppose leur idée haute, et juste et qu'il se puisse produire quoi que ce soit de tel qui n'émerge pas de la réalité des choses et ne soit pas l'œuvre de la liberté...

L'excellence de l'idée ne saurait justifier l'*à tout prix* d'un programme jeté aux quatre vents de l'opinion et dont l'exécution est confiée au peuple, à l'ignorant, à la passion, à l'illusion, à tous les hasards.

Ah! que l'idéal, pur de sang, s'éloigne des voies de l'aventure et du crime! Qu'il laisse à la politique ses moyens violents, ses nécessités terribles! Qu'il se préserve des incertitudes, des tâtonnements, des obscurités douloureuses de l'action! Qu'il éclaire, et, pour éclairer, qu'il se dresse sur le mont et luise de loin.

Si vous êtes des politiques, gardez-vous des théories

abstraites, des paroles décevantes, des conseils dissolvants.

Si vous êtes le cri inconscient de la foule, cessez de vous donner comme les apôtres de la science et de la raison, ne légiférez pas, et quand la foule excitée par vous succombera sous la mitraille, soyez-en.

Si vous êtes des penseurs, des savants, des observateurs calmes du cours de la vie humaine, dérobez-vous au courant qui nous entraîne, et au-dessus des scènes changeantes allumez le flambeau fixe où nós regards s'attachent, tracez la sphère lumineuse où nos âmes montent et soient reposées.

Mais si vous mêlez toutes ces choses, il arrivera que les mots divins de *science* et de *justice* ne vous serviront qu'à entraîner les simples dans la confusion, que les passions populaires soulevées par vous ne seront que les instruments de votre politique, et que la politique ne sera elle-même entre vos mains que le passe-temps de votre fatuité.

* * *

A tout prix, c'est la répétition du *compelle intrare* « qu'il entre de force », de la sainte Inquisition.

Celle-là aussi avait un idéal et mettait l'*à tout prix* au service de son idéal.

Elle avait de plus une base réelle et combattait pour un ordre établi que sans doute elle jugeait bon.

A tout prix fut la maxime de ce grand politique Ignace de Loyola, qui, voyant l'esprit de révolte triomphant sous les souffles ardents de la Renaissance, les liens moraux relâchés dans le monde latin, le génie séparatiste et mercantile s'emparer du monde germanique, imagina de former une association d'intelligences directrices, d'en dissimuler le plan, d'y subordonner tous les intermédiaires de la conscience et par eux le monde ; qui forma, petit Espagnol boiteux, nouvel étudiant, perdu au sein de Paris, du monde de la critique et de la liberté, avec trois ou quatre amis de vie légère, un dessein aussi formidable, et l'accomplit.

Aussi retint-il dans ses mains l'exécution de son idée, et ne l'abandonna-t-il pas au hasard inconscient, à la foule brutale. Son *à tout prix* fut la résolution d'un homme qui pense.

———

Certes, jamais la puissance de l'esprit sur la matière ne se montra plus hardiment que par la création de l'institut des jésuites, sa rapide extension,. son règne incontestable sur les sociétés catholiques jusqu'à nos jours.

Les jésuites ont détruit la religion, sapé la morale, obscurci la politique, mais maintenu toutes les formes en se substituant à tous les ressorts.

Savants et lettrés, résumé de toutes les traditions, empressés autour de toutes les forces nouvelles, confidents de tous les désirs, maîtres de tous les instincts, habiles à faire résonner toutes les cordes intimes et tous les tambours publics, quand vit-on un plus profond, un plus complet, un plus heureux essai de la domination des peuples par l'intelligence ?

Il faudrait remonter aux théocraties primitives, au sacerdoce romain, ou du moins à la fondation de l'Eglise pour trouver rien d'analogue.

Ce qui ne rappelait que des fantômes du passé, des conceptions perdues dans la nuit de l'histoire, ce qui ne répondait à aucun des sentiments modernes, ce qui niait les développements de l'instruction publique et les progrès de la mécanique, ce qui semblait à tout jamais un rêve bizarre, absurde, impossible, s'est froidement, mathématiquement, implacablement réalisé.

———

Du moins ce rêve aussi est déjà le passé. Nous en sommes loin. Une nouvelle renaissance, de nouveaux sentiments, de nouveaux droits...

— Vous le croyez, monsieur? Je vous en félicite. Cela fait honneur à votre naïveté, à votre candeur.

Le prodige se renouvelle en ce moment même, devant vous, sous vos yeux. La scène se déroule dans votre salon ou dans le boudoir qui est à côté. Vous êtes de la partie, sans le savoir; ou peut-être le savez-vous et n'osez-vous en croire votre raison; et si vous n'en êtes pas, un autre en est pour vous : madame y suffira; et si madame n'est pas assez audacieuse ou assez fine, elle a mis mademoiselle en de bonnes mains, qui pourvoiront.

Parlé-je d'une nouvelle ferveur, d'un nouveau culte, de la femme divinisée, de la passion ganglionaire mise à la place de la Passion divine ?

Peut-être.

— Mais ce sont là des manifestations de l'ignorance !

— Oh! que vous comprenez mal ce qui se passe autour de vous.

— Vous m'intriguez. Je vous prie de vous expliquer et de me dire ce que vous savez de ce qui se passe.

— C'est délicat. Je vais essayer cependant.

———

Au fond, c'est la science en acte, c'est-à-dire l'intelligence, qui a toujours gouverné, quand il y a eu un gouvernement.

La première question, pour la France contemporaine, est de savoir si elle sera ou ne sera pas gouvernée.

L'Empire est tombé parce qu'il n'avait plus les qualités d'un gouvernement. Et comment appeler ce qui lui a succédé? La coalition du 24 Mai a montré des intentions; mais jusqu'ici, ni le nom, ni la chose, ni le sentiment public, ni l'opinion, qu'il est toujours fâcheux d'avoir contre soi, ne répondent à ces intentions.

Nous courons donc le risque de n'être pas gouvernés, ou de l'être par des gens qui ne gouvernent pas leur propre esprit ; ce qui reviendrait absolument au même.

Dans l'occurrence, il s'est trouvé des hommes froids et méditatifs, qui depuis vingt ans avaient eu le temps de réfléchir, qui avaient appris par le spectacle de la danse macabre, et qui en ont compris la terminaison.

Ces hommes se sont dit :

— A nous seuls il appartient de gouverner. Nous sommes la science, la raison, la volonté : à nous le règne ! à nous le maniement de la matière ! à nous la conduite de ces passions et opinions vulgaires sans valeur objective, qu'il faut maîtriser, activer, contenir par le fer rouge du besoin ! Grâce au budget, à l'agio, à la connaissance des conditions politiques et économiques des nations, nous tenons les sources de la richesse, le reste par là. Nous restituerons l'autorité dans le monde, qui, sans nous, irait vacillant et diffluant par les mille canaux de la fantaisie individuelle. Nous ne jouerons pas avec les velléités libérales : nous les retrancherons avec précision. La mécanique a marché ; nous le montrerons par la suppression sans phrases de tout ce qui parle et pense sans notre ordre. Nous ferons le vide partout où se montrera l'esprit de révolte, et nous rendrons heureuses les tribus humaines, suivant le mot de Bossuet : « La politique est l'art de rendre les peuples heureux »

Comment passer tout d'un coup de la théorie à la pratique, de l'obscurité à la puissance ? Subjuguer sans coup férir les volontés indisciplinées, et grouper les terreurs diverses autour d'un centre commun d'action.

Il faut pour cela un intermédiaire déjà connu. Cet intermédiaire sera la machine cléricale.

En présence du danger commun, de la dissolution imminente, de la dislocation morale èt politique en perspective, non-seulement pour la France, mais pour tout l'Occident européen, pour tout ce qui a été la civilisation dans le passé et qui paraît seul encore susceptible de résistance contre la lubricité des choses ; devant une situation si claire, une alternative si brusquement posée, semblable à l'*être ou ne pas être* de Shakspeare, les récentes dissidences, les défiances réciproques sont tombées. Tout ce qui a eu dans la poche, dans la tête ou dans le ventre quelque chose à conserver, s'est ligué sans sonner mot contre ce qui ne s'y sentait rien, et s'est groupé, d'un accord tacite, autour de la vieille forme conservatrice, qui parut soudain animée d'un nouvel esprit.

Etrange conspiration, dans laquelle voltairiens et petits Pères se donnent la main, et à la tête de laquelle, manœuvrés en dessous par les plus savants *operanti*, se montrent les éternels ennemis de l'obscurantisme, — qui semblait naguère leur condamnation à mort, — les gens de lettres !

Voici un fragment d'une lettre de date récente, qui a passé par hasard sous mes yeux, et où je crois apercevoir quelque trait à l'objet dont nous parlons :

« Madame, je vois par votre dernière lettre que vos amis ne saisissent pas encore toute l'importance du fait qui s'accomplit. Il faut qu'ils aient en nous une confiance entière. Persuadez chacun que vous n'avez pas de secrets pour lui.

« Vos amis sont surpris de l'accusation de calomnie à l'endroit de la dîme, des droits féodaux, de l'intolérance religieuse, du gouvernement des prêtres, de la

prédominance des classes privilégiées et des conditions
de la guerre.

« La moindre réflexion leur aurait permis de reconnaître la sincérité des déclarations. Il n'y a que la sincérité qui vaille dans une bonne politique.

« Il faut être bien peu de son époque ! Qu'aurions-nous à faire de toutes les anciennes armes ? La Révolution nous donne mieux que cela.

« Impôts, fournitures civiles, bourse et crédit, priviléges industriels, main-mise sur toute l'épargne, sur la fortune des récalcitrants et la subsistance des peuples, valent bien la dîme.

« La prépotence industrielle et commerciale est moins chanceuse, plus effective, chargée de moins de réciprocités que les droits féodaux.

« Plus d'intolérance religieuse, cette extrême indulgence pour le pêcheur ! Il ne nous importe pas qu'il entre, mais qu'il sorte. La loi révolutionnaire est plus parfaite que tout l'ancien arsenal. Ou le mécréant regimbe, et la loi le supprime, ou il se tient coi, et meurt de faim.

« En fait de rouages politiques, les hommes convaincus, sincères et honnêtes, nous valent mieux que les consciences douteuses, et nous avons tout à gagner à faire fond sur ces vertus solides et immobiles qui servent de phare à l'opinion et à nos ennemis. Qui parle encore du gouvernement des prêtres ? Nous avons mieux.

« Le privilége ne se confère pas : il existe, sans que la loi le puisse atteindre. Nous ne cesserons de proclamer l'égalité dans la loi : c'est une excellente couverture. Qui serait jaloux de notre prédominance ? Forts et purs, sans faste : qui voudrait de ces priviléges ?

« Nous ne ferons point la guerre *dans des conditions impossibles* : nous attendrons les conditions possibles, le moment bon. Les circonstances s'enchaînent pour qui sait prévoir. Les choses viennent de loin et se présentent si naturellement ! Nous sommes toujours prêts parce que nous le sommes partout à la fois, et nos adversaires ne le sont jamais et n'ont pas d'alliés, parce que c'est nous qui proposons, et que les alliés c'est nous..... »

—

Une amie de la personne à qui cette lettre était adressée, une femme de beaucoup de sens, mais de trop d'imagination, m'avoua que cette apparition de revenants lui faisait peur.

Je la rassurai, en lui montrant le ciel clair, le grand soleil, les fleurs épanouies.

— Mais, lui dis-je, voilà où mène le fétichisme scientifique, cet abandon de la conscience individuelle, cette insulte à Dieu.

Qui dit le règne de la science, dit le règne des savants. La première est admirable dans son domaine ; les seconds sont détestables hors de leur domaine.

Vous entr'ouvrez l'arche sainte et vous découvrez le magot.

Aristocratie pour aristocratie, celle qui est instituée par des services rendus et maintenue par des traditions nobles est la meilleure ; celle d'argent, qui a des intérêts conformes à l'intérêt public et qui laisse aux gens d'esprit beaucoup de marge (il le faut bien), vient après ; le gouvernement d'une classe lettrée est le pire de tous.

Sans doute il est nécessaire qu'il y ait des savants et des lettrés, et leur influence sociale est légitime, puisque c'est l'influence du savoir. Mais dès que le savoir prétend gouverner, l'ordre est détruit, la liberté est perdue.

Enseignement, gouvernement : deux fonctions distinctes et indépendantes l'une de l'autre par nature.

Un corps savant qui dominerait et gouvernerait — ce qu'on appelle ordinairement un *mandarinat* — constituerait la plus écrasante des tyrannies, quand même — ce qui n'arriverait pas — ce corps entretiendrait son activité individuelle.

Ecartez cette coupe d'opium des lèvres de nos sociétés nées franches et libres !

Plus un tel corps dépasserait le niveau des intelligences et du savoir, plus son pouvoir serait insupportable, parce qu'il serait sans contrepoids.

—Mais comme il est dans la nature de tout corps se recrutant lui-même de s'immobiliser dans sa formule, une constitution en dépendant engendrerait l'immobilité sociale.

Le savoir et l'intelligence ne vivent que par la liberté. C'est là leur essence et leur loi.

Ils servent, dans l'Etat, de contrepoids à la force du pouvoir et à celle de l'argent.

Ils instituent, par leur liberté propre, la liberté publique, et leur indépendance vis-à-vis des forces d'un autre ordre qu'elles-mêmes est le fondement de l'égalité parmi les citoyens ; car ils ôtent par là aux valeurs individuelles toute commune mesure exacte et sûre.

La pauvreté serait écrasante si chacun de ceux qui la supportent ne savait que l'intelligence et le talent peuvent être et sont la plupart du temps pauvres.

De même, l'ignorance et la médiocrité d'esprit deviendraient infâmes s'il fallait identifier le génie et la vertu.

Or, une société où la pauvreté, le peu de savoir et la faiblesse d'esprit deviendraient les attributs d'une classe rigoureusement séparée, ne pourrait vivre. Il faut, pour qu'une société vive, pour que les citoyens se sentent égaux et soient libres, que l'on y puisse être vertueux sans science, savant sans vertu, vil et ignorant dans l'opulence, pauvre avec de l'honneur et du génie.

La supériorité intellectuelle et morale ne confère à

ceux qui en jouissent d'autres titres sociaux que ceux qui résultent pour chacun de l'exercice de ses facultés spéciales et des jugements sans appel de la concurrence et des mœurs. Loin qu'elle comporte un droit présomptif au gouvernement et à la richesse, son accession de fait au maniement des forces matérielles et politiques, devenant ordinaire, serait un mal.

———

Nous venons de distinguer la science de la politique.
— La politique consiste à prévoir, dit Machiavel.
Mais il l'entend d'une prévision courte, toute pratique, c'est-à-dire renfermée dans les faits actuels ou connexes aux faits actuels.

Loin que des vues très-étendues soient nécessaires à l'homme d'Etat, elles lui sont un péril et une embûche.

Il doit bien voir de près et regarder sans cesse autour de lui : car la scène politique est perfide et change d'heure en heure. Dès que sa vue s'égare au loin, il néglige son objet, où le pied lui trébuche.

Il doit voir juste un peu plus loin que les hommes d'instinct et de passion qu'il se propose de conduire ou de vaincre. Il doit prévoir le lendemain, et laisser à l'avenir ultérieur le soin de l'avenir ultérieur.

Il doit se défier de toute théorie générale, et s'il en suit une ne s'y confier qu'aux heures de loisir comme à un délassement permis, tel que le jeu des échecs, le calcul intégral ou l'étude d'Homère.

Il doit être satisfait par la possession des connaissances positives et éprouvées de son époque qui importent à sa fonction immédiate. Il doit résumer en lui le bon sens public, en être en quelque sorte la condensation sublimée, et être si bien cela qu'il parvienne presque à ne pas être autre chose.

D'où il résulte que son instruction spéciale, c'est-à-dire tout le vif et le fort de son instruction, lui vient fort peu de la science spéculative, mais presque uniquement de l'observation et de l'action.

D'où il résulte encore que, tirant ses visées du fait actuel, il les subordonne aux incertitudes du fait, ne s'engage qu'actuellement et ne se juge tenu par aucun plan que la toute-puissance du fait a condamné.

———

Ce qui vient d'être dit du politique n'est pas strictement applicable à l'économiste, dont la base d'observation est bien moins variable.

Tandis que le premier part des instincts populaires, qui n'ont jamais dit leur dernier mot, de la force des choses, qui déroule incessamment les actes imprévus d'un drame mystérieux, enfin de la volonté de certains hommes et des accidents divers, l'économiste considère des lois dont le fond est immuable si l'application en est sujette aux influences incertaines de la politique.

L'économiste a des vues fixes qui se prolongent indéfiniment sur certains objets étroits avec la rigueur de l'abstraction. Le politique a des vues courtes et prudentes, mais synthétiques et concrètes sur toute la largeur des manifestations de la vie des peuples.

De là vient qu'un économiste ferait un fort mauvais politique, mais que les études économiques apportent à la vie sociale ses plus utiles instruments et à la politique ses plus précieux matériaux.

De là vient encore qu'un peuple ne peut demander son salut ni à l'économiste, qui n'a pas de vues synthétiques, ni au politique, dont les vues synthétiques sont la résultante stricte des faits acquis.

———

Le voile des traditions obscurcit pour nous l'aspect des choses. Le fantôme du passé nous trouble et nous dérobe à nous-mêmes.

De ce que la science, la religion, la politique, la poésie même, le génie militaire même, se sont, dans l'enfance des sociétés, concentrés dans certaines têtes pour former les législations, nous sommes portés à attendre de nouveaux législateurs manifestant parmi nous leurs attributs presque divins.

Nous ressemblons à un homme qui, ayant vu ses compagnons revenir de la forêt chargés d'un trésor qu'ils y ont trouvé enfoui, et devenu par héritage possesseur de cet or, au lieu de s'en servir pour augmenter sa maison et perfectionner son travail, irait à son tour dans la forêt à la recherche de nouveaux trésors, et s'épuiserait dans une attente stérile.

Les données qui forment le fond des législations primitives étaient un trésor caché par la nature humaine, et qu'il fut accordé aux antiques génies de découvrir. Cette découverte, étant faite, n'est plus à faire. Nous la possédons, usons-en, et n'attendons pas que quelque secours mystérieux nous éclaire par une révélation nouvelle.

A mesure que les idées communes et immuables qui forment le fond de la conscience et de la raison ont émergé dans l'esprit des populations et se sont traduites pour chacun dans la notion claire de ses devoirs et de ses droits, la distance qui séparait primitivement les masses humaines des héros et des prophètes conducteurs des peuples s'est amoindrie.

Les supériorités personnelles subsistent, mais nous les coudoyons, nous les regardons, nous les jugeons. Nous les voyons au-dessus de nous, mais toutefois sur le même sol que nous, et sur des hauteurs que notre imagination peut atteindre sans solution trop brusque de continuité.

De plus, l'étendue des connaissances humaines s'est tellement élargie, le nombre des faits à connaître s'est tellement multiplié, que le travail de l'intelligence et de la raison s'est divisé, et que l'esprit le plus fort et le plus ample ne peut espérer que d'emprunter à d'autres esprits les résultats de leurs études résumés en quelques lois.

Les sociétés civilisées, désormais conscientes, conduites par elles-mêmes, n'attribuent à personne une grandeur surhumaine et de nécessité publique. Tous sont appelés à l'initiation des mystères, et il y a beaucoup d'élus. Et dans cette phalange, la politique occupe non pas une des moindres places, mais non pas aussi une des plus hautes.

Sa fonction, circonscrite dans les limites que lui tracent les lois économiques, la conscience des peuples et les progrès de la justice et de la raison, se rétrécit de jour en jour.

Elle conservera son rang immédiatement au-dessous de la fonction du génie qui invente et du travail qui féconde, rehaussée d'ailleurs chaque jour chez ceux qui l'exercent par l'abnégation et la vertu personnelles, qui en seront comme les insignes.

———

Bien au-dessus des scènes changeantes où l'Opinion promène ses caprices, la Science, étoile pour la foule, soleil pour les initiés, poursuit son évolution réglée.

Science, fille de la Vérité, sœur de l'Idée, amante des choses, conseillère, directrice et nourricière, je te salue !

Lorsque le fait brutal, il y a déjà un quart de siècle, lorsque la conspiration des intérêts à courte vue et de la peur eût broyé dans l'œuf notre foi candide, Science, nous tournâmes nos regards vers toi. Il fut doux aux désespérés de croire à tes lointaines promesses. Ton nom se répandit parmi le peuple comme celui du héros moderne, du nouveau dieu.

O véridique ! nous as-tu trompés, ou nous sommes-nous abusés nous-mêmes en prenant pour toi quelque chimère?

Comme ces populations affolées et affamées de l'an mil, qui renonçaient au labourage et à la moisson, attentives seulement à l'heure où devait commencer le règne du Messie, nous nous sommes reposés dans l'attente du nouveau millénium.

Nous t'avions mal comprise.

Les affaires de la conscience humaine vont d'un train qui leur est propre, et tu ne verses ton lait fortifiant qu'aux âmes viriles.

Aidons-nous, la Science nous aidera. Mais quiconque s'endort dans la confiance des secours d'en haut aura le réveil triste. Toutes les illusions sont funestes, y compris celles qui présentent au peuple la Science comme un sauveur. Vous ne vous affranchirez que par la destruction du culte des idoles, et de l'idole scientifique comme des autres.

1ᵉʳ novembre.

P. S. — 5 décembre. La lettre du 10 octobre citée plus haut fait sans doute allusion à la lettre de Frohsdorff du 19 septembre. Les événements de novembre ont écarté certains fantômes. Le fond de la pensée gouvernante a-t-il changé, — c'est-à-dire cette pensée a-t-elle abdiqué? Je ne le crois pas. Le *statu quo* d'une constitution bourgeoise libérale (soit républicaine, soit monarchique) n'est plus possible après vingt-cinq ans de désorganisation impériale et révolutionnaire. Il faut que la bourgeoisie remonte ou descende le courant, qu'elle retourne à 1774 en se substituant simplement, comme pouvoir directeur, à l'ancienne noblesse, ou qu'elle fasse un pas en avant et tende franchement la main à la démocratie (voir *l'Ecole*, I). Or son triomphe actuel la fait, pour son malheur, plutôt pencher vers le premier parti que vers le second.

ÉTUDES COMMUNALISTES

Par Junior

XII

L'ÉCOLE

> L'homme passe sans voir, sans croire, sans comprendre,
> Sans rien chercher dans l'ombre, et sans lever les yeux
> Vers les conseils divins qui flottent dans les cieux.
>
> VICTOR HUGO.

——◇◇◇——

Quittons les abstractions pour les faits. Nous avons dit ce que la Science n'est pas : voyons ce qu'elle doit être et ce qu'elle est ; quelle est sa fonction et comment cette fonction est remplie en France.

Les sciences élémentaires et mécaniques étant seules parvenues à l'état exact, beaucoup de gens entendent aujourd'hui par science les sciences élémentaires et mécaniques.

Il y a eu un temps où, quand ce nom de science était prononcé, il était à peine appliqué de loin à cet ordre de connaissances.

De même que nous répudions tout système de philosophie qui se place en dehors des conditions de la science, de même nous ne saurions considérer la science dans sa généralité, sans y comprendre la philosophie.

La philosophie est à la science ce que le soleil est à notre système planétaire.

Par la philosophie, j'entends la connaissance générale de l'homme et de ses lois.

La connaissance de l'homme est l'objet le plus haut de la science, et la direction de la vie humaine, le but pratique, pour ainsi dire, de toute la science.

La fonction scientifique, dans une société quelconque, consiste à donner à cette connaissance principale toute sa hauteur, et à relier dans ce but toutes les connaissances particulières.

Peu d'hommes possèdent pleinement une branche quelconque de la science. Moins encore sont capables de cette connaissance supérieure qui domine la méthode et embrasse les résultats de toutes les autres.

Le nombre de ceux-ci, comme de ceux-là, sera toujours assez grand s'ils sont respectés et se respectent, s'ils se limitent mutuellement et coordonnent leurs doctrines et leurs études ; s'ils peuvent et savent diriger l'éducation et l'instruction des hommes qui se livrent aux applications de la science, des pères et mères de famille et des citoyens appelés à mettre la main, d'une manière ou de l'autre, aux affaires politiques.

Le devoir rempli par la science au moyen de l'instruction est ensuite rempli par l'instruction au moyen de l'exemple.

L'influence bienfaisante de la science pénètre ainsi dans toutes les couches intellectuelles et morales, bien que la profondeur des questions et la sévérité des méthodes fassent le privilége de quelques-uns, et que la masse des hommes ne reçoive le rayonnement de l'astre que modifié et pour ainsi dire sensibilisé par l'interposition de plusieurs couches inégalement lettrées.

Ainsi se compose, selon la science, l'harmonie sociale.

Voilà ce qui doit être et qui se produit, plus ou moins

parfaitement, dans les sociétés bien ordonnées. Voici, en France, ce qui est :

Feu Victor Le Clerc, doyen de la Faculté des lettres de Paris, disait à celui qui écrit ces lignes :

— Les études baisseront en France, tant qu'il y aura des commis rue de Grenelle.

C'est-à-dire, tant que l'Université sera une institution d'État.

Autrefois, les Universités françaises étaient libres, comme le sont encore celles d'Angleterre et d'Allemagne.

L'Université de Paris, qui fut la plus illustre du monde et dont l'origine se perd dans la nuit des origines de notre histoire, était un corps libre.

Elle fut autre chose : elle fut une puissance religieuse, un pouvoir politique.

Dans les siècles que nous appelons barbares, le savoir était vénéré, la souveraineté de l'intelligence était reconnue par les hommes.

Ne nous plaignons pas trop du changement qui est survenu. La science, nous l'avons démontré, ne doit pas empiéter sur l'ordre temporel et politique.

Si notre mépris de la science n'était que l'affirmation des droits de la conscience individuelle, ce serait bien ; mais le pouvoir politique asservit la science. C'est le dernier des crimes.

Je ne veux pas la science gouvernante ; je veux la science libre.

Le décret royal qui, non-seulement supprima les anciens priviléges de l'Université de Paris, mais encore la rangea dans la domination du Conseil, est daté de l'an 1600.

Peu d'années auparavant, le Parlement, autre épave de l'ancien régime, avait expulsé les jésuites.

Henri IV, non-seulement les rappela, mais encore leur ouvrit le collége de Tournon.

Aux représentations que ne manquèrent pas de lui faire à ce sujet ses vieux amis du Parlement, le malin Gascon répondit :

— J'ai toutes vos conceptions en la mienne ; mais vous n'avez pas la mienne aux vôtres.

Sa conception, développée à plaisir par Concini, Richelieu, Mazarin, Louis XIV, la Maintenon, reprise par Napoléon Ier et par Napoléon III, fidèlement suivie par M. de Fontanes, M. de Talleyrand, M. de Polignac, M. Casimir Périer, M. Guizot et M. Thiers, était l'absoption de la société dans l'Etat, œuvre à laquelle la coopération des jésuites a toujours paru nécessaire.

En peu de temps les jésuites furent les maîtres de la Faculté de théologie.

L'esprit français se réfugia à Port-Royal, y fut persécuté.

Mais il parla si bien la langue de tout le monde que la société française tout entière lui servit de refuge, que la science devint laïque, et que le règne de l'Opinion commença.

Le pieux auteur des *Provinciales* fut, sans le savoir, le père du journalisme français.

Il advint que les jésuites, complaisants par principe envers l'esprit du siècle, furent gagnés par l'esprit du siècle, protégèrent le savoir, firent Voltaire.

La Révolution arrivait, par amis ou ennemis. Jansénistes, molinistes, tout lui était bon ; elle prit de toutes mains.

Les jansénistes se trouvèrent avoir trop bien résisté ; les jésuites trop bien dissous.

Avez-vous remarqué l'étonnement d'un cheval lorsque, pris d'un emportement subit, il s'est élancé à travers les rues et les chemins, a brisé contre une borne le char qu'il entrainait, et soudain, libre de ses liens, ne sentant plus aucun fardeau, livré à lui-même, s'arrête, se retourne et regarde où il en est?

Telle la France après la Révolution.

Les honnêtes bourgeois de Thermidor, sur les bases de l'ordre tel quel qui se trouvait établi par les nouvelles lois, ne songèrent qu'à conserver ce qu'il pouvait rester des mœurs et des fortunes.

Ce n'était pas assez pour eux d'avoir vu tomber les têtes des Danton, des Hébert, des Robespierre. Il fallait étouffer toute doctrine qui menaçât le *statu quo*, et pour cela veiller à ce que des énergies et des talents semblables ne pussent ni se produire ni s'élever.

Alors fut imaginée notre organisation scolaire, simple arme défensive et prohibitive, opposée par une quasi-société en désarroi aux mouvements de notre sang et de nos nerfs, à notre nature, à l'évolution de l'esprit moderne.

Cette organisation est si simple qu'on en peut rendre compte en peu de mots :

Des employés sans autres titres que les droits de l'ancienneté, la pratique des bureaux et la souplesse administrative, disposent souverainement de toute la matière des études, depuis les places convoitées par les princes de la littérature et de la science jusqu'aux conditions précaires de la maigre subsistance des instituteurs de village.

Non-seulement les nominations, les destitutions, les déplacements à l'infini sans prétexte et sans indemnité, la distribution des récompenses et des punitions leur appartiennent, mais encore la rédaction des programmes d'études, la direction journalière des classes et des publications, l'investigation minutieuse dans les actes, dans les paroles, jusque dans les consciences, enfin la détermination rigoureuse de l'orthodoxie des doctrines.

De cette façon, tout ce qui est lettré, intelligent et poli en France, passe sous-les fourches caudines de l'administration.

L'instrument de torture intellectuelle et morale qui s'appelle proprement l'Université est renforcé de l'organisation officielle d'un Institut de France, depuis longtemps envahi par la médiocrité, par l'esprit de côterie et d'asservissement à tous les pouvoirs.

Il y faut joindre l'empressement que montrent toutes ces petites confréries vaniteuses des sociétés dites savantes de villes ou de départements, à briguer les faveurs bureaucratiques.

Contre cet appareil général d'énervement et d'abaissement, la résistance individuelle est impossible.

Car c'est une conséquence forcée de la dépression des intelligences et des caractères dans la nation que les talents et les facultés des individus n'aient d'autre voie pour se produire que la complaisance sans limites, soit vis-à-vis de la médiocrité régnante, soit envers les goûts frivoles et vulgaires de la foule des lecteurs.

Ou la fausse science, ou le mauvais goût : il n'est plus d'autre issue-possible pour l'effort des intelligences de ce pays.

Il ne fut question, dans ce plan, que de l'enseignement supérieur ou secondaire, c'est-à-dire de l'instruction de la bourgeoisie.

L'enseignement populaire ou primaire, visé seulement en 1833 par l'administration, confié à de pauvres instituteurs esclaves du préfet et de l'évêque, maintenu dans un abaissement systématique, a suivi le courant.

L'enseignement de la bourgeoisie, sous les régimes issus de Thermidor et qui se sont flattés, sur la promesse de leurs théoriciens comme M· Guizot, de leurs philosophes comme M. Cousin, de leurs chantres comme M. Augustin Thierry, d'imposer au développement de notre génie national une étape bourgeoise, l'enseignement de la bourgeoisie était la grosse affaire.

Question, d'ailleurs, complexe.

Qu'était-ce, en effet, que la bourgeoisie? — La collection des occupants de la richesse, d'où qu'ils vinssent.

L'égalité des héritages et la liberté de la concurrence soutenues par un appel équitable de toutes les capacités à l'instruction et aux emplois, eussent provoqué le roulement de la fortune aux mains des plus actifs et des plus capables, — institué ainsi, au lieu d'une société bourgeoise, une société démocratique.

Pour se cantonner dans l'ornière bourgeoise, pour donner quelque fixité à cette ombre d'Etat nouveau, issue non d'un principe, mais d'un accident, sur le sable mouvant de la Révolution, il fallait commencer par faire de l'instruction, et par suite des emplois, le privilége de l'argent.

Pour cela, il ne suffisait pas de laisser l'instruction, marchandise libre, se distribuer à prix d'argent comme toute autre marchandise.

Au moyen-âge, l'Eglise et la noblesse corrigeaient ce que la loi des inégalités sociales a de rigoureux et de funeste, en créant des bourses abondantes pour les enfants pauvres, bourses dont le bénéficiaire pouvait jouir sa vie durant, de manière à demeurer indépendant non-seulement des puissants de la terre, mais encore des besoins tyranniques.

C'est-ainsi que des enfants pauvres ont pu devenir au moyen-âge des savants illustres, et s'élever aux plus hauts postes de l'Etat et de l'Eglise. Et l'on peut regarder ce point comme considérable dans l'histoire du progrès de nos sociétés.

Pareil événement pouvait se reproduire. L'institution des colléges libres devait naturellement solliciter les âmes généreuses à y appeler les intelligences. Car intelligence et instruction s'attirent.

Il fallait donc, sinon interdire l'enseignement libre, du moins lui opposer une concurrence qui lui ôtât toute sa vertu, suffire aux besoins de la classe payante, obtenir des résultats apparents qui satisfissent les amis de l'instruction, et, pour éviter les réclamations des âmes justes et charitables, feindre de rompre l'interdit vis-à-vis du pauvre par la création de quelques bourses annuelles, dont il serait, du reste, toujours facile de faire tomber la faveur sur des fils mêmes de la bourgeoisie.

La conséquence de ce parti-pris dut être et fut l'abaissement continu du niveau des études. Car les classes furent faites non pour ceux qui pouvaient les suivre par droit de nature, mais pour ceux qui devaient les suivre par raison d'Etat. Et les examens ne furent pas la pierre de touche du mérite, mais le couronnement nécessaire des études telles quelles de la bourgeoisie satisfaite, c'est-à-dire paresseuse et ignorante.

Ce résultat était voulu, car il ne suffisait pas aux théoriciens du *statu quo* social et politique que l'intelligence pauvre fût repoussée des domaines de la puissance : il fallait que les intelligences que pourrait produire la bourgeoisie, qu'après tout la nature n'avait pas condamnée à l'absolue stérilité, ne déchirassent pas le contrat des médiocrités en rendant au génie de la Révolution la liberté de son essor.

Il fallait pour cela que l'instruction de la bourgeoisie fût superficielle, dénuée de principes, levain qui gâte tout un jour ou l'autre. Il fallait faire des rhéteurs et des praticiens, non des hommes. Il fallait leur donner pour maîtres des rhéteurs et des praticiens, non des philosophes.

On y est parvenu, au delà de ce qu'on s'était proposé.

Tels n'étaient certainement pas les plans de la Convention, dont les décrets instituaient à la base de toute l'organisation nationale la forte vie de la Commune.

Le premier instituteur de la nouvelle Université, Fourcroy, avait conservé beaucoup de ces vues premières, en faisant la part de l'idée impériale.

Les délégués, hommes pour la plupart d'une capacité supérieure, qu'il envoya dans les provinces pour l'organisation des nouvelles écoles, eurent pour instructions de changer le moins possible ce qui existait et de se contenter de *suppléer* par l'Etat au défaut de l'initiative des particuliers ou des communes.

Tout le plan dressé par ce savant éminent était d'une conception profonde et largement libérale.

Pourquoi fut-il brusquement remplacé par M. de Fontanes ? M. Villemain, dans ses *Souvenirs contemporains d'Histoire et de Littérature*, fait parler ainsi Napoléon, s'adressant à M. de Narbonne :

— J'ai voulu que *mon* Université de France fût fortement lettrée ; j'aime les sciences mathématiques et physiques ; chacune d'elles, l'algèbre, la chimie, la botanique, est une belle application partielle de l'esprit humain : les lettres, c'est l'esprit humain lui-même ; l'étude des lettres, c'est l'éducation générale qui prépare à tout, l'éducation de l'âme. Aussi, voyez comme, pour organiser mon Université, j'ai préféré Fontanes à Fourcroy, qui pourtant m'était aussi bien dévoué...

L'explication n'est pas entière : il faut ajouter que

les jésuites, excellents maîtres de littérature, ont toujours redouté l'esprit scientifique.

Napoléon a préféré Fontanes à Fourcroy, comme il a préféré aux principes révolutionnaires les principes du Concordat, au sujet duquel le même Fontanes s'exprimait ainsi :

— Le meilleur papier de l'empereur, son meilleur titre impérial et royal, c'est son Concordat.

—

Par M. de Fontanes et après lui les lettres fleurirent en France.

Le régime de la Restauration fut signalé par un grand épanouissement littéraire.

A mesure que les dernières figures vraiment hautes léguées par le dix-huitième siècle et la Révolution à la nouvelle France impériale ou royale s'éclipsèrent, commença le règne des poètes, des littérateurs, des avocats, des journalistes... Ce qu'il resta d'esprits sérieux et élevés s'aperçut un jour que la France, sous les dehors de cette vide rhétorique, n'avait plus ni science, ni éducation, ni philosophie, ni hommes d'Etat, ni le moyen d'en faire.

Une vive discussion s'engagea dans les Chambres, peu de temps avant la révolution de 1848, entre les sciences et les lettres, c'est-à-dire entre le fond de l'instruction et la forme de l'instruction, en d'autres termes entre le parti national et le parti clérical.

De beaux discours furent prononcés dans les deux sens.

Arago et Lamartine s'y distinguèrent.

M. Guizot siffla dans la coulisse son mot creux et arrogant :

— C'est une dispute de cuistres et de sacristains.

Mais des deux parts la question fut mal posée, étroitement par les uns, faussement par les autres, et l'Université de France demeura ce qu'elle était, un instrument de règne oscillant entre les mains des maîtres éphémères de la nation.

La République cléricale de 1848 la livra bientôt aux jésuites, qui, par les soins de M. de Falloux, se hâtèrent, dans la peur qu'ils avaient alors des lettres mêmes, de faire tomber les études au dernier degré d'avilissement.

Dans la nuit du coup d'Etat, une question embarrassante fut posée au Prince-Président :

— Que ferons-nous de l'Université ?

Il l'offrit aux jésuites.

Un prélat répondit à l'offre :

— Nous ne sommes pas prêts.

M. Fortoul, on ne savait pourquoi ministre de la marine, dit au prince :

— Donnez-moi carte blanche : je vous en ferai une machine d'Etat.

Sa nomination au ministère de l'instruction publique parut le lendemain.

Il acheva de détruire dans le corps enseignant tout esprit d'indépendance, fit du grec une caserne, de l'École normale un séminaire, livra le conseil supérieur aux jésuites, qui ont toujours eu l'art de laisser à des hommes de transition le poids des circonstances difficiles.

———

Cette Université, avilie par M. de Falloux, étouffée par M. Fortoul, tenue dans l'engourdissement par le procureur général Rouland, simplement désorganisée par les réformes incongrues de M. Duruy, l'homme de la *Vie de César*. M. Thiers, l'homme de l'*Histoire du Consulat et de l'Empire*, l'a placée l'an dernier, devant le conseil d'Etat, sous le protectorat d'un chef de bureaux des cultes.

En effet, il nomma conseillers en service extraordinaire, pour tous les ministères autres que celui de l'instruction publique, les chefs mêmes de la branche administrative qu'il s'agissait de représenter devant le conseil d'Etat.

Parmi eux figurent, aux termes du décret du 17 août 1872, les secrétaires généraux des travaux publics, des finances, de la justice et de l'agriculture et du commerce, plus de dix directeurs généraux ou directeurs : quatre appartenant aux finances, deux à l'intérieur, un aux travaux publics, un aux affaires étrangères, un à la marine, un à la guerre.

Le chef de division des cultes, qui se trouve seul d'un grade inférieur à ses nouveaux collègues, complète le nombre de quinze conseillers, nombre fixé par la loi du 24 mai 1872.

Son chef, le secrétaire général du ministère, devait lui être adjoint, mais, sur l'avis du président de la République, a été remplacé, parmi les quinze, par un directeur appartenant à une autre administration.

Ce secrétaire général, professeur distingué d'éloquence française de la Faculté des lettres, M. Saint-René Taillandier, a aussitôt résigné son haut emploi administratif, acte de dignité qui eût dû attirer les regards de tout Français libéral sur la situation exceptionnelle ainsi faite au ministère de l'instruction publique.

———

L'un des auteurs du décret du 17 août 1872, M. Jules Simon, disciple de M. Victor Cousin, qu'il suppléa jadis à la Sorbonne, dans la chaire d'histoire de la philosophie (à quelles conditions avares, il ne l'a point oublié), appartient à cette école appelée à bon droit *éclectique*, qui, sans professer aucune affirmation ni philosophique ni religieuse, ne nie ni la religion ni la philosophie, mais s'efforce à tenir la place de l'une et de l'autre, comme ces adjectifs vides de sens sur lesquels les écoliers étayent leurs hexamètres latins en attendant l'épithète significative.

On a dit souvent que le provisoire seul durait en France. Il est certain que l'enseignement d'Etat, livré aux vicissitudes de la politique, n'y est pas sorti jusqu'à présent et ne saurait y sortir du provisoire.

Avec quel mépris la politique a toujours traité cette base du développement social et par suite de l'Etat : M. Jules Simon ne l'ignore pas.

Un des autres suppléants de M. Cousin, M. Damiron, avait déplu aux jésuites, qui avaient l'oreille de la reine Marie–Amélie.

Celle-ci se plaignit au roi ; celui-ci à M. Cousin, alors ministre de l'instruction publique.

En vrai comédien, M. Cousin, sans répondre, regarda la manche de sa redingote, feignant d'y chercher quelque chose :

— Damiron ! dit-il, avec son emphase, je ne vois pas Damiron.

Puis faisant voler d'une chiquenaude une parcelle de poussière :

— Ah ! s'écrie-t-il, je vois Damiron. Eh quoi ! sire, c'est Damiron qui vous occupe ? Il n'y a plus de Damiron.

Voilà comment, en France, la politique s'est jouée durant tout le siècle de l'éducation nationale.

Aussi les personnes de sens de tous les partis demandent-elles la substitution d'une affirmation quelconque aux formules éclectiques dont le maintien par ordre correspond si clairement aux défaillances constatées de l'esprit public.

Ceux mêmes qui ont le plus longtemps autorisé le système de l'énervement public, effrayés de leur succès, reviennent en arrière, renient le passé, remontent tout le cours de la Révolution, osent enfin quelque chose, ont une idée, et si cette idée se réalise, c'est sur le dos de la bourgeoisie de Thermidor que sera scellée la triple alliance des aristocraties ecclésiastique, intellectuelle et nobiliaire.

C'est la démocratie qui a été un moment vaincue en mai 1871. C'est la bourgeoisie qui serait aujourd'hui vaincue par une alliance monarchique. La bourgeoisie n'a pas d'autre issue de salut que de rentrer franchement dans le giron démocratique, dont elle n'aurait jamais dû, production informe et éphémère, essayer de se tenir séparée.

L'avis lui en fut donné (non, disait-on, sans être entendu), à une heure terrible, en janvier 1871, du sein de Paris, au milieu des derniers préparatifs de la capitulation.

Voici en quels termes :

« Ce qui arrive dans notre duel avec la Prusse, n'est rien que n'ait pu prévoir un observateur attentif de notre éducation et des mœurs que cette éducation nous inculque. Le vice organique dont nous constatons aujourd'hui les ravages dans toutes les branches de la vie publique, est plus profond, à mon jugement, que les faits ne le donnent encore à connaître, et je ne doute pas qu'après s'être manifesté dans l'action politique et militaire, il ne doive éclater bientôt avec non moins d'intensité dans l'ordre économique et matériel.

« La guerre et la République de 1870 nous trouvent en présence de puissants éléments désagrégés, tant dans l'ordre politique que dans l'ordre économique. L'œuvre des esprits sages consiste, sans contredit, à opérer l'ordination de ces éléments. Faute de ce concours de la science et de l'action, l'accord subversif ou la lutte stérile des intérêts conservateurs et des intérêts révolutionnaires se terminera tôt ou tard par le cataclysme économique avec toutes ses ruines et toutes ses incertitudes.

« Il ne reste à la bourgeoisie, qui, toute désorganisée qu'elle est, demeure le détenteur de l'action, qu'un moyen de se préserver et d'éloigner, pour notre pays et pour tout l'occident de l'Europe, l'*alea* du socialisme : c'est de prendre en main la direction des affaires publiques, en s'adjoignant, par l'instruction, les virtualités supérieures des classes populaires, et en donnant, dans la pratique, une large satisfaction aux principes de justice désormais implantés sur notre sol.

« Elle se retrouve encore une fois, — et probablement la dernière fois, — en possession d'imprimer au corps social une direction décisive. Les difficultés se sont accumulées depuis 1848 ; mais de nouvelles ressources ont été créées, les têtes ont mûri, les situations se sont dessinées, beaucoup d'erreurs se sont dissipées, la science positive de l'homme et des sociétés a conquis beaucoup de terrain. L'occasion est devenue belle, en somme, pour un parti qui posséderait la force, s'il possédait aussi la résolution, l'intelligence et la mesure.

« Il appartient à la bourgeoisie de 1870 de sauver l'avenir, en se constituant elle-même grande et forte. Il suffit, dans l'ordre social, d'un organisme durable pour créer l'harmonie des fonctions du corps entier, et pour fixer par suite l'évolution progressive d'une nation et d'une race. Peu importe que cet organisme soit ou ne soit pas sacerdotal, monarchique ou aristocratique, pourvu qu'il soit. Cela est la clef de l'histoire.

« Mais pour être, c'est-à-dire durer, il ne doit pas se limiter au développement d'une famille, d'une caste, d'une classe distincte et isolée ; il doit, centre directeur, se soumettre au renouvellement incessant par l'appel des forces ambiantes. Les castes ou les classes fermées se condamnent, par leur institution même, à une prompte décadence, et y condamnent la société qui les accepte.

« Il faut que le droit à l'instruction soit reconnu en dehors de toutes les conditions de cens et de fortune, et comme un droit inhérent à la naissance de tout citoyen, à la liberté de tout individu. 1789 nous a donné l'égalité devant la loi, 1870 doit nous donner l'égalité devant l'instruction. Que nos malheurs publics nous aient, au moins, dotés de cette conquête ! — JEAN LAROCQUE. *Opinion nationale*, 3 et 5 janvier 1871. »

Tel était le devoir de la bourgeoisie française avant le triste enseignement de la guerre civile.

Tel il demeure, vérifié par cet enseignement.

La guerre civile n'est pas terminée. Elle n'a pas commencé au 18 mars, et l'écrasement de Paris par M. Thiers n'a servi de rien à sa conclusion. La guerre civile, ou, pour lui donner son vrai nom, la guerre sociale, a commencé en Thermidor, et ne finira que par l'organisation de la démocratie et l'abandon du privilége bourgeois ; par l'accession égale des intelligences à l'instruction ; par la levée des barrières qui, posées en vue d'arrêter le courant démocratique, ont en ce siècle faussé le développement de l'esprit français, maintenu la société française sous la tutelle de l'Etat, privé la nation française de sa vie organique.

4 novembre 1873.

P.-S.— 5 décembre. Depuis un mois, le devoir de la bourgeoisie est devenu plus pressant encore. Le comprend-elle ?

Paris.— Imprimerie Moderne, Barthier, d', rue Jean-Jacques-Rousseau, 61.

ÉTUDES COMMUNALISTES

Par Junior

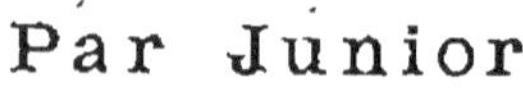

XIII

LA PROPRIÉTÉ

> La propriété, c'est l'homme.

Je suis placé entre deux écoles.

La première dit :

— La propriété est un fait constant, universel. Elle a le travail pour origine. Elle est consacrée par l'intérêt social. Elle devient ainsi un droit. La faculté de sa transmission du père au fils rend infinie l'ardeur au travail et complète le système social. Les agglomérations de biens, ou la richesse, remplissent dans la société plusieurs fonctions indispensables. La propriété civilise le monde, au lieu de l'usurper. L'univers est chaque jour plus accessible au travail de l'homme. Donc tout est bien, et la politique n'a qu'à maintenir ce qui est, en laissant le progrès des civilisations se dérouler en vertu de la force mystérieuse des choses (1).

La seconde dit :

— Le droit, concept d'ordre universel, n'émerge pas de l'utilité. La main-mise sur le sol, sur le capital, sur l'industrie, sur le pouvoir par là, qui constitue aux mains de quelques-uns ce qu'on appelle le droit de propriété, n'est qu'un accident spécial aux âges barbares dont nous tendons à sortir et la négation même du droit. La faculté de transmettre la propriété ainsi constituée est la faculté de transmettre le despotisme. Les inégalités naturelles naissent des inégalités instituées, loin que les inégalités instituées aient pour origine les inégalités naturelles ; du reste, la justice ne consiste pas à amplifier les préférences de la nature, mais à les réparer : ce qui est la supériorité de l'ordre moral sur l'ordre naturel. La richesse ne provient pas du travai', mais de l'exploitation du travail. Elle ne remplit d autres fonctions que l'oppression et le parasitisme. Son règne, ayant perdu ses anciens contrepoids, est devenu plus brutal, plus inique, plus intolérable de jour en jour. Attendre que les choses se corrigent d'elles-mêmes, c'est livrer les générations nouvelles à la féodalité de l'argent.

Bien que chacun des traits qui viennent d'être résumés appartienne plus ou moins spécialement à diverses sectes socialistes et révolutionnaires, toutes se donnent la main quant au fond de la thèse, et l'on est toujours sûr d'être applaudi en maint lieu en la soutenant, comme en soutenant la thèse contraire en maint autre lieu.

Et il est certain que ceux qui les soutiennent l'une et l'autre peuvent discourir cent ans et publier des milliers de volumes sans que jamais on s'entende d'un camp à l'autre.

(1) A. Thiers. *De la propriété.* Septembre 1848.

Et il n'est pas moins certain que l'on peut s'adresser d'un camp à l'autre des myriades de coups de fusil sans arriver à s'entendre davantage.

Les deux thèses sont également vraies dans ce qu'elles ont d'essentiel, et fausses dans leurs négations et dans le caractère absolu de leurs conclusions.

L'une arguë de l'utilité posée en règle ; l'autre, de l'égalité conçue comme un droit.

Il faut chercher le principe de leur harmonie en dehors d'elles et plus haut qu'elles.

Ce principe, c'est la loi de la nature révélée par l'instinct, reconnue par l'intelligence.

La propriété, dans l'extension philosophique de ce terme, c'est l'homme même.

Où prenez-vous l'homme et par où le connaissez-vous ?

L'homme, est-ce un composé de chair et d'os, de liquides et de nerfs ? Est-ce un fluide plus subtil ? Est-ce le principe moteur de cette machine qui s'agite, parle, travaille ? Est-ce un appareil mu par quelque moteur étranger ? Est-ce une des fonctions ou l'ensemble des fonctions, une partie ou le tout ?... De quel droit l'enfermez-vous dans cette forme mesurable par un cercueil, celui dont le regard embrasse les mondes et dont la pensée les mesure ?

Il s'agit de définir, dans l'homme, non cette limitation visible et palpable qui le distingue à peine du singe et de l'ours, mais l'homme tout entier, dans la somme de ses fonctions et de son pouvoir.

Or la définition de l'homme, telle qu'elle résulte de

l'analyse de ses facultés connues par ses actes, peut être donnée ainsi :

L'homme est un rayon qui part du foyer de l'absolu et embrasse les choses et se combine avec elles, et par cet embrassement et cette combinaison devient sensible et actif. Il se diffracte en traversant le monde des formes et produit ainsi la série des races humaines, des individus humains. Dès lors, ni collectivement, ni individuellement, il n'est distinct des éléments absorbés. Jetez-le au creuset, dissolvez-le, séparez-le de ces acquisitions successives que vous jugez étrangères à son principe : il vous restera comme précipité l'homme virtuel ; l'homme réel se sera évanoui.

Or ces éléments combinés avec la virtualité initiale de l'homme et qui le constituent dans sa réalité, dans sa forme, dans sa série, dans son évolution ; ces acquisitions, ces *appropriations* successives, — en un mot, la *propriété* de l'homme, — sont une portion contingente de l'homme même.

La propriété de l'homme n'a d'autres limites que celles de sa puissance d'appropriation en lutte avec la résistance des éléments appropriables.

Il est, dès lors, oiseux de disputer du droit de propriété, qui est identique au droit d'être et se confond avec la loi primordiale de l'être, source de toute notion du droit.

Mais, de même que l'homme est à la fois collectif et individuel, la propriété est à la fois collective et individuelle, et le droit individuel de propriété trouve partout en face de lui un droit collectif qui lui fournit la sanction et la mesure.

La première des deux thèses que nous avons résumées reconnaît le droit individuel de propriété ; mais elle laisse de côté le droit collectif et les règles de juste répartition qui en émanent.

La seconde, au contraire, affirme le droit collectif, mais le substitue à la fonction du droit individuel.

———

On niera ceci. Car il y a des gens qui se croient individualistes parce qu'ils sacrifient à la fiction d'un individu-Etat la réalité de l'individu libre et propriétaire.

Ils attaquent au nom de l'individu la tyrannie de la propriété, sans s'apercevoir que sans la propriété il n'y a plus d'individus.

Aussi ont-ils recours, dans l'acte, au collectif pour fonder leur prétendu droit individuel, comme s'il existait un droit qui n'émanât pas de soi-même.

Ils subordonnent ce prétendu droit à une idée collective de justice, et demandent à la Révolution l'avénement de cette justice prêcheuse qui dissone aux lois des choses.

Ce n'est là ni la justice, ni la liberté, ni l'individualisme.

———

Les deux thèses contradictoires mises ainsi chacune à sa place dans son principe et par suite dans toute ses conséquences, passons outre.

La propriété particulière n'existe pour l'individu qu'en tant que manière d'être et application spéciale de la propriété collective.

La propriété collective suppose la formation de l'être collectif. Il est évident que les êtres particuliers ne peuvent constituer une propriété commune que par des relations suivies et un contrat implicite.

Deux peuples qui ne se connaîtraient pas n'en seraient pas moins de part et d'autre des spécimens de cet absolu irréductible qui est l'homme. Mais pour constituer entre eux, par des emprunts réciproques, le caractère spécial d'une propriété commune, il faut que deux peuples se connaissent et se fondent l'un dans l'autre à quelques égards, fait qui contient le plus inéluctable des engagements.

Nous sommes Grecs et Romains quoi qu'en aient nos auteurs et que nous en ayons nous-mêmes : ces qualités sont devenues notre fonds. De même les Anglais ont en eux un fonds français, et les Français un fonds anglais. Et si l'Anglais permet aujourd'hui à un Français de posséder chez lui des fonds de terre, c'est en déduction non de certains rapports internationaux qui n'offriraient au nouveau copropriétaire de l'*ager* britannique qu'une garantie aléatoire, mais de certains rapports humains qui ont modifié la conscience britannique et qui paraissent établir sur une inviolable base la sécurité de l'acquéreur.

Celui-ci devient, dans les limites de sa participation à la propriété territoriale de l'Angleterre, solidaire des droits et des obligations attachés à cette propriété vis-à-vis du genre humain et de la nature. L'État anglais ne lui en garantit la jouissance que tout autant qu'il ne sera pas lui-même dépouillé par force majeure.

Observation naïve, sans doute, et cependant pleine de lueurs : car elle montre bien que la propriété individuelle n'est qu'un mode de la propriété collective.

———

Ce point n'a pas échappé à Stuart Mill, qui commet l'erreur de n'appliquer les conséquences qu'il en déduit qu'à la propriété foncière ; de ne pas considérer la proposition opposée, à savoir que la propriété collective réside dans la propriété individuelle ; de la faire résider uniquement dans la communauté pure, qui n'en est qu'une forme occasionnelle ou spéciale ; d'ébranler ainsi le droit individuel de propriété, de troubler les rapports de l'Etat et de l'individu, et de donner la main aux écoles illibérales et subversives.

Quand une société se constitue, elle fait l'inventaire de son fonds de traditions, de mœurs, d'idées, de biens immobiliers et mobiliers. Elle déclare que tout ce qui est est juste, et sanctionne par les lois ce qui existe dans le fait et dans l'usage.

Dès qu'il existe un intérêt collectif, c'est-à-dire politique et social, cet intérêt se trouve de la sorte identifié avec l'intérêt individuel. Et dès lors chaque citoyen, en défendant son droit individuel institué par l'usage et sanctionné par la loi, défend l'intérêt social et politique.

La continuité de la possession et la transmission aux héritiers sont la propriété même en mode dynamique. De là l'industrie. Le contrat social les garantit : c'est garantir sa propre existence.

Maintiens, conserve, continue : voilà le fondement des sociétés, l'objet des lois.

Mais la nature comportant inégalité, les premiers droits individuels reconnus sont inégaux. Car la société ne peut changer la nature. Il y a plus : si l'égalité sociale était dans la nature des choses, la justice n'aurait pas besoin de sanction, les lois civiles seraient de trop.

L'inégalité est le pouvoir d'opprimer donné aux uns, la nécessité de la résistance imposée aux autres : somme, le contrat, la loi, la société.

Au début, les inégalités sociales sont identiques aux inégalités naturelles; mais tandis que les inégalités sociales, en vertu de la loi de conservation, restent immobiles, les inégalités naturelles se déplacent et finissent par s'opposer aux inégalités sociales.

Les nouvelles supériorités apportent avec elles de nouveaux droits, dont elles demandent la reconnaissance par la loi au détriment des anciens droits.

Elles constituent, au sein de la société, le parti libéral.

Du conflit perpétuel des deux partis naît l'équilibre des forces, c'est-à-dire à la fois la justice, le mouvement social, le progrès politique, le développement de l'être humain par la lutte.

———

Supprimons, un instant, par hypothèse, les garanties sociales qui entourent, sous le nom de propriété, la perpétuité de la possession et la liberté de la transmission : qu'advient-il ?

Le plus fort prend; le plus habile ligue les faibles, reprend et retient. L'intelligence, qui est la force par excellence, prouve sa supériorité, en use, en abuse. Nous tombons dans le communisme théocratique.

L'inégalité naturelle, ou le conflit des inégalités naturelles, se résout dans l'entente des habiles; et comme cette habileté ne dépasse pas le cercle des notions déjà créées, la société soumise à un tel régime s'immobiliserait si l'immobilité appartenait à la nature et s'il n'était pas de règle que qui n'agit pas périt.

La règle s'accomplit, brise le faisceau des supériorités instituées, et rétablit le cours de la vie générale.

Le pouvoir des premiers pasteurs de peuples ne résidât-il que dans le dépôt des traditions, ce dépôt, passant par la force des choses dans des mains indignes, laisserait bientôt s'opposer l'émergence des nouvelles supériorités naturelles aux droits et à la puissance garantis à quelques-uns par la société.

Mais, dans le fait, la tradition n'est pas conservée sans le double mélange de la filiation et de la propriété réelle.

Car telle est la nature humaine que le génie ne dispense pas des nécessités ou conditions vulgaires, et par là sa puissance est éphémère, et la fermentation des virtualités s'accomplit.

De par lui-même, de par sa faiblesse et son besoin, en vertu de son imbécillité naturelle, le prêtre, le vainqueur, le conquérant est amoureux des choses et de sa lignée, et c'est par où son pouvoir périt, et avec le fait de son pouvoir le principe absolu de son pouvoir.

Car les héritiers de son pouvoir, inférieurs à leur auteur, rencontreront la résistance des virtualités naturelles, de même que les virtualités naturelles rencontreront la résistance de la propriété instituée.

Ainsi commencera le conflit de l'ancien et du nouveau, de l'esprit conservateur et de l'esprit libéral. Antagonisme qui est la vie et qui produit l'ordre. Car ôtez l'un des deux termes, il reste la tyrannie et le chaos.

Loin que les titres de la propriété se puissent reposer sur la prescription, sans cesse attaqués et remis en cause, on peut dire qu'ils sont l'objet d'une révision perpétuelle.

A mesure que de nouvelles tribus humaines naissent à de nouveaux besoins et que des rapports nouveaux s'établissent entre les peuples, la propriété tend à entrer dans une collectivité plus vaste, et ses détenteurs nationaux et individuels ne la conservent qu'à la condition de satisfaire aux intérêts de cette collectivité.

Lorsqu'une population chassée de sa patrie par des causes quelconques se reporte sur un territoire déjà occupé, il arrive que les deux populations se fondent en se subordonnant l'une à l'autre, ou se partagent le sol, ou, celui-ci ne comportant pas la cohabitation, se repoussent et s'exterminent. En sorte qu'un peuple n'est réellement assis sur ses terres qu'en vertu d'un consentement général fondé lui-même sur une commune assiette économique. Quel que soit donc l'état de civilisation des races humaines, et en raison même de cet état de civilisation, un peuple qui, par sa négligence ou son désordre, ne tirerait pas de son sol les ressources à la participation desquelles ont droit les membres de la communauté, pourra être justement dépossédé.

De même, la propriété individuelle est obligée vis-à-vis de la collectivité nationale. Possession suppose usage, et usage conforme aux intérêts collectifs.

Donations, contrats, successions, ont toujours été réglés par des lois ayant pour objet non-seulement d'assurer la bonne foi des engagements et l'exécution des volontés du propriétaire, mais d'intervenir dans les mutations de la propriété au nom de l'intérêt collectif.

Par où il appert que la propriété individuelle a toujours été considérée en même temps comme faisant partie du domaine collectif.

Le droit individuel n'est reconnu dans la société que comme la forme concrète du droit collectif : il cesse où celui-ci est lésé.

La société peut être considérée comme une compagnie d'actionnaires. Les porteurs d'actions participent à la direction et aux bénéfices en proportion de la part du capital qu'ils représentent. Les non-propriétaires d'actions rentrent dans la matière exploitable. Ils sont reçus, tolérés, vêtus, nourris dans les conditions strictes de leur utilité, sans que jamais les statuts des actionnaires leur permettent de s'élever par leur travail ni à la possession du capital ni à la direction des affaires. Et cela est parfaitement raisonnable : le jour où les bénéfices du travail seraient établis de façon à le rendre maître du capital, il n'y aurait plus de capital, plus d'inégalité, plus de concurrence, plus de vie sociale.

La barrière du capital (ou de la propriété considérée comme puissance active) est infranchissable dans toute société policée. Le talent, la faveur, l'énergie, l'astuce, ne la franchissent pas : ces qualités sont du capital qui subit, par l'action sociale, des transformations légitimes, mais ne se prouvent que par le fait de cette transformation, sans jamais constituer un droit *a priori*.

Horace dit à Lucullus :

— J'ai du génie. Donne-moi de l'or et je produirai des poëmes.

Lucullus lui répond :

— Produis de l'or par tes poëmes, et je croirai à ton génie.

Et Lucullus a raison : il ne connaît pas d'autre pierre de touche du génie que la pièce d'or.

Céthégus, affamé, prête l'oreille et se dit :

— Moi aussi j'ai du génie, et que je vais prouver à Lucullus.

Et il lâche ses sicaires. Mais ce génie-là ou ce genre de capital étant improductif pour la communauté et non accepté en participation des bénéfices, Céthégus, saisi par la souveraineté du capital, est mis à mort.

———

Cependant Horace dit à Lucullus :

— Je suis homme. J'ai le droit de vivre.

Lucullus lui répond :

— Je ne t'ai pas fait naître ; ton droit de vivre n'est pas mon affaire.

Horace. — Cependant tu es homme.

Lucullus. — Mendiant, voici le pain que ma religion m'ordonne de te jeter. Prends et vide la place.

Horace. — Je veux gagner ce pain.

Lucullus. — Et je vais te faire chasser par mes valets.

Horace. — Je puis te servir.

Lucullus. — Que m'importe ?

Horace. — Je te supplie au nom des dieux.

Lucullus. — Les dieux me protégent, qui t'ont fait sordide et misérable.

Horace. — Veux-tu que je sois ton esclave ?

Lucullus. — Viens.

*

Lucullus se plaît aux chansons de l'esclave, après boire. Il le flatte, il le vante, il s'en pare, il l'enrichit.

Un jour, l'esclave lui demande sa liberté,—la liberté de l'affranchi.

— Soit. Tu resteras de ma maison !

Aussi esclave que devant est l'affranchi. Sauf que son maître ne peut plus le mettre en croix.

Il plaît à l'empereur et change de maître, est comblé de biens et de gloire, meurt hydropique.

Ou bien il veut parler le langage d'un citoyen, et Néron lui fait ouvrir les veines.

De la prison de Nævius à la meule de Plaute, à la domesticité de Térence, à la servitude dorée de Virgile, au supplice de Lucain, il n'y a que les degrés du service dont est le génie pour la conservation du capital collectif aux mains des actionnaires.

—

— J'ai écrit, dis-tu, un bon livre ?

— S'il ne se vend pas, comment est-il bon ? Il n'est bon ni pour toi qui meurs de faim, ni pour la société, qui n'en a cure.

— J'ai écrit un mauvais livre, et il se vend.

— Entre, mon ami, *dignus es*. Tu as du talent, à n'en plus douter, et tu fais de ce jour partie de la société capitaliste. Use de tes moyens ; ils sont justes puisqu'ils sont conformes à la règle, éprouvés par le succès. Augmente le nombre de tes actions, et quand tu en posséderas assez pour te dispenser d'avoir du talent, fais valoir le travail de quelques gueux que tu sustenteras tout autant qu'ils n'en pourront être élevés en dignité sociale. A moins toutefois que tu ne soupçonnes en eux un talent supérieur et une âme fière. Dans ce cas, ni travail, ni secours : garde-toi d'introduire jamais par aucune porte les âmes indomptables et les mérites non assouplis.

———

Tant que la ligue des actionnaires conserve l'énergie qui lui a valu sa position, elle tend à s'agréger les forces intellectuelles et morales qu'elle n'a pas à redouter, et leur offre, nonobstant les concessions qu'elle en réclame, une situation assez noble.

C'est ainsi qu'on voit, à certaines époques, l'intelligence, le savoir, la moralité, descendre des sommets sociaux et répandre sur les masses une lumière bienfaisante.

Mais il arrive que les possesseurs du capital s'avilissent et s'abêtissent, et qu'un jour l'intelligence, le savoir, la moralité ne sont plus précisément en haut de l'échelle.

Alors le prolétaire, — puisqu'il faut l'appeler par son nom, — sent la force de son capital à lui, qui est son bras et son cœur, et il en use. Capital et capital comptent ensemble. Conquête immense que cette égalité devant le compte, qui se traduit par l'égalité politique !

———

Donc le prolétaire devenu citoyen dit aux vieux actionnaires :

— Voyons vos livres. Vous avez disposé durant des siècles du sol national, y compris le dessus et le dessous, et tout ce que la surface a pu produire de biens et d'êtres. Cette production s'est accrue par vos soins, et je vous en sais gré : j'en ai profité tout le premier. Cependant, distinguons. Ce progrès que je reconnais, a trois auteurs : toi individu, toi communauté, toi nature. Chacun des trois doit avoir son tiers dans les bénéfices : cela n'est-il pas juste ? Toi individu, garde la tienne et ajoutes-y celle qui te revient du chef de la société en raison de ta participation. Outre le produit de ton travail, encaisse celui de ton capital, lequel, étant une portion du capital social, progresse tant que le capital social progresse. Je ne revendique rien de ces deux parts-là. Mais il y en a une troisième, qui appartient à la nature et à ses hoirs, c'est-à-dire à tout homme venant en ce monde. Le progrès n'a lieu que parce qu'il est dans l'ordre que l'homme et le soleil produisent au delà du prix de revient du travail individuel et collectif employé à la production. Et cette portion de la plus-value totale m'appartient comme à toi-même, aucun homme n'ayant de titre spécial à se l'adjuger. Je t'en demande compte.

— Le compte est facile, répond l'actionnaire. Regarde ce que tu fus et ce que tu es. Regarde les nouveaux instruments, le nouveau champ offert à l'exercice de tes facultés agrandies.

— Je vois tout cela, monsieur le régisseur, et je vous ai déjà remercié au sujet de votre ancienne gestion. Mais, entre nous, vous avez vieilli, et depuis quelques années vous semblez bon pour la retraite. Loin de constater le progrès, je trouve que, depuis quelque quatre-vingts ans, les choses vont, entre vos mains, de mal en pis. Vous permettrez donc, il n'est que temps, que je me mêle un peu moi-même de mes affaires.

Or ce que demande là le prolétaire n'est pas petit. Ce n'est rien de moins que la participation à la gestion de l'Etat. Comment? Par son accession au savoir, qui seul confère la gestion.

L'Etat ne doit à personne que le bien de l'Etat, ce bien résumant tous les autres biens.

Mais quand l'Etat périclite, tous les droits sont compromis et tous les efforts doivent tendre vers la restauration de l'Etat.

Le prolétaire y est doublement intéressé, et par ce droit naturel dont le progrès social ne lui fournit plus l'équivalent, et par le développement de ses virtualités qui lui a fait prendre place dans la vie sociale à côté des forces d'ancienne institution.

Il s'agit là d'un droit et d'un devoir tout individuels, qui ne peuvent s'exercer ni s'accomplir que par le développement des forces individuelles et l'application intégrale de ces forces à la direction de l'Etat.

Il ne s'agit pas de détruire la propriété dans aucun de ses aspects; il s'agit de la produire et de l'utiliser sous tous ses aspects.

Le milieu nécessaire à ce développement et à cette application des forces individuelles, à cette production et à cet effet de toutes les puissances de la propriété, s'appelle commune.

24 novembre 1873.

Paris.—Imprimerie Moderne (Barthier, d^r), rue Jean-Jacques-Rousseau, 61

ÉTUDES COMMUNALISTES

Par Junior

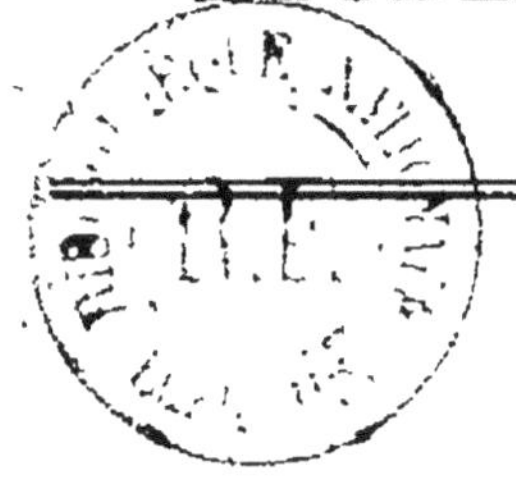

XIV

LE CRÉDIT

Cuncti adsint.

J'ai défini la propriété par l'appropriation des choses à l'homme, ou le prolongement de l'homme au sein des choses.

J'ai défini le capital : la propriété à l'état actif.

J'ai considéré la fonction sociale de la propriété ou du capital dans sa formule abstraite.

Considéré sous son aspect concret, le capital comprend trois sortes de forces productives :

— Des forces *réelles* (1), des forces *personnelles*, des forces *sociales* ou collectives.

(1) *Res*, chose

L'association de ces trois ordres de forces est nécessaire à toute production, et comme il arrive que la somme nécessaire de chacune d'elles ne se rencontre pas par voie d'appropriation directe dans les mêmes mains, la production serait sans cesse entravée si les propriétaires des divers ordres de forces ne se réunissaient pour les remettre aux mains capables d'en obtenir le résultat utile.

Cette remise est le crédit.

———

Le crédit se développe normalement dans la même proportion que les trois ordres de forces composantes.

Au début des civilisations il est suppléé par la monnaie d'or et d'argent, qui suffit alors au petit-nombre des transactions, qui est conforme à l'état inerte des intelligences et à la simplicité de l'Etat.

En effet, dans les sociétés rudimentaires, les trois ordres de forces, encore à leur début de croissance, se connaissent à peine. La solidarité sociale n'est longtemps que latente, soupçonnée par les théoriciens.

Il faut alors, pour faciliter et multiplier les transactions, un intermédiaire qui comporte par lui-même toute sa valeur nominale, ni trop rare comme le diamant, ni trop commun ainsi que le plomb et le fer. Cependant, même le plomb et le fer ont été employés à cet usage chez maint peuple ; chez d'autres, des objets très-différents ont pu servir de monnaie, sous l'empire de certaines conditions naturelles. Dans les sociétés dites civilisées, la monnaie principale a longtemps été faite d'argent, avec l'or pour les grosses transactions et le cuivre comme appoint. Plus tard, l'argent et l'or se sont contrebalancés dans l'usage ordinaire, et M. Wolowski défend encore aujourd'hui la cause du double étalon, destiné suivant lui à dissimuler les effets des variations de la valeur métallique. Mais déjà l'argent tend à ne figurer qu'une monnaie d'appoint, grâce à la moindre rareté de l'or et à la diminution de la valeur des deux métaux.

L'emploi des métaux précieux dans la monnaie tient lieu non-seulement des garanties économiques, mais même des garanties politiques, toujours intimement liées aux premières.

L'argent et l'or, durant de longues périodes sociales, ne produisent pas seulement l'activité : ils sont encore les auteurs de la liberté.

Tant que la double notion des garanties économiques et politiques ne sert pas de base à la constitution des peuples, la monnaie d'or et d'argent ne pourrait laisser remplir sa fonction que par les fantaisies du despotisme.

Quelle que soit la tyrannie d'un prince ou d'une assemblée souveraine, cette tyrannie s'arrête devant la valeur, et la valeur n'est déterminée que par cette commune mesure : la monnaie d'or et d'argent.

Ces données sont vulgaires. Il était nécessaire de les rappeler pour les compléter par les données opposées.

Rien n'atteste plus crûment l'état d'insolidarité ou de barbarie d'un peuple que la nécessité où il se trouve d'employer pour ses transactions une marchandise coûteuse et inproductive (1).

(1) La matière des poids et des mesures n'y est pas immobilisée : elle sert par ses proportions ou sa pesanteur, c'est-à-dire par des qualités qui lu sont naturelles. Quelles que soient les conven-

Car il n'y a que les anciennes ·monnaies qui, grâce à leur rareté, soient recueillies et admirées dans les cabinets de médailles.

La nouvelle monnaie est seulement cette matière lourde qu'il faut sans cesse traîner avec soi pour exécuter les plus simples opérations sociales.

Et l'extraction de cette matière lourde jette des milliers de vies au fond de fosses obscures. Elle y a précipité des populations entières, qui n'en sont pas ressorties.

On a senti de bonne heure la nécessité de la remplacer par un instrument plus facile à créer, d'une extension indéfinie, d'un maniement commode. Mais cette révolution n'est pas encore accomplie, parce que la solidarité sociale est encore dans l'œuf.

L'un et l'autre enfantement se prépare.

La valeur marchande de l'argent et de l'or ne suffit à en faire des instruments monétaires que chez quelques sauvages. Dès que le premier germe des sociétés a commencé à poindre en quelque lieu du globe, la monnaie a été marquée du signe social, ainsi constituée dans sa dignité.

En vue d'en garantir la sécurité sans doute. Mais le signe social a un caractère plus profond que cela. Il n'est pas l'auxiliaire du métal, c'est le métal qui est

ions sociales prises relativement à l'unité de poids ou de grandeur, les hommes devront toujours employer pour les évaluations de cet ordre la comparaison à des poids et des grandeurs réelles. Au contraire, l'or et l'argent, dans la monnaie, ne servent que par une idée que les hommes y attachent et qu'ils pourraient, dans une autre condition sociale, attacher à un signe de nature toute différente.

son auxiliaire. Dans l'œuvre commune de la monnaie, c'est la société qui crée; la valeur marchande du métal employé n'intervient que comme les Etats généraux auprès du conseil royal, c'est-à-dire à titre d'adhésion de la part des citoyens et de garantie privée contre les abus du pouvoir.

La monnaie présente donc ce caractère double :

Elle émane de l'Etat par la marque qu'elle porte et de l'assentiment des citoyens par sa valeur intrinsèque. Elle contient un contrat social et une charte politique. Elle résume en elle les deux termes antinomiques : convention et nécessité, autorité et liberté. Elle a toute la hauteur d'un symbole.

Mais tandis que le signe social qui la constitue développe sa puissance, la contre-garantie qui réside dans la valeur métallique tend à s'effacer et réclame le concours d'une autre force, qui peu à peu s'y suppléera.

Il y a eu des rois faux-monnayeurs, et il a fallu l'action des citoyens réunis en corps politique pour restituer à la monnaie sa valeur intrinsèque.

D'un autre côté, le haut prix de l'argent et de l'or est en partie dû à sa fonction monétaire, en sorte que la valeur intrinsèque de la monnaie résulte elle-même de sa fonction et participe des fictions d'Etat.

En suivant l'histoire des transformations de la monnaie et de ses forces constitutives, on reconnaît que ces forces se réduisent essentiellement à deux, qui sont les garanties réciproques de l'Etat et des citoyens. La valeur métallique n'est qu'un aspect de la seconde de ces garanties, et cette forme de garantie peut sans inconvénient être remplacée par une autre, s'il en existe une autre.

———

Les juifs qui ont imaginé la lettre de change ont substitué à la garantie *réelle* la garantie *personnelle*. Ne pouvant invoquer l'appui des lois, peu importait à un juif de Francfort que son compère de Trieste pût représenter un lot de marchandises équivalant au crédit accordé. Toute spécification *réelle* était oiseuse. Il suffisait de savoir le débiteur solvable et de bonne foi. L'atroce situation faite aux juifs par les lois du moyen âge et leurs liens historiques leur créaient une situation exceptionnelle et donnaient à leurs engagements moraux toute la force de nos engagements légaux et matériels.

Une trace moins noble du caractère personnel des engagements commerciaux a disparu des codes français par l'abolition de la contrainte par corps en cette matière. Il ne peut plus être aujourd'hui question, en fait de garanties légales, que des garanties *réelles*. Si aux *choses* servant de base au crédit on doit ajouter la personne même comme instrument de production, ce ne peut être là une affaire de loi, mais de mœurs.

———

On sait avec quelle rapidité se sont développés depuis Law les systèmes de crédit et combien ils ont contribué à la transformation de la vie civilisée.

Les Etats ont emprunté au crédit leur principale

forcé et rivé à l'éternité du pouvoir les intérêts particuliers au point de tout rapporter à la question politique et de suspendre à cette fonction les autres fonctions sociales.

De grandes compagnies privilégiées par l'État ont joui d'une puissance de crédit qui leur a permis d'exécuter de vastes entreprises, les unes utiles, les autres seulement ruineuses.

L'aspect des lieux changés, bouleversés, a modifié brusquement l'état des fortunes.

Les institutions et les mœurs ont été entraînées dans le courant de la révolution économique.

L'homme a été coupé en deux parts, marchant chacune de son train et s'opprimant l'une l'autre : le capital et le travail.

L'agiotage, c'est-à-dire le grand jeu, est devenu une puissance, et les esprits se sont imprégnés de cette fièvre.

L'individu s'est fait l'esclave de sa chose.

Le manque de contrôle, suite de l'insolidarité, a permis aux citoyens comme aux compagnies d'émettre des sommes de valeurs fiduciaires disproportionnées à leurs ressources effectives.

Grâce à l'universalité du système de transactions de cette nature, la circulation a nourri la circulation et l'émission justifié l'émission, au point que la liquidation est devenue impossible, que l'on vit de compte courant, que tous sont intéressés à soutenir l'illusion commune de la richesse nominale, que les gouvernements sont devenus les gérants d'une situation financière inextricable. Ainsi la politique, où tout se résume, est elle-même soumise aux fictions de la finance.

La richesse fictive augmentant toujours et le taux de l'intérêt ne diminuant jamais (comparez les chiffres de

1846 et de 1866, par exemple), cet intérêt étant payé par le travailleur en monnaie certaine au prorata d'un capital nominal tous les jours croissant dans des proportions énormes, tandis que la production, là où elle s'accroît, ne peut le faire que dans des proportions très-restreintes, il arrive que la finance tend à absorber toute la substance du travail.

Telles sont quelques-unes des conséquences des systèmes actuels de crédit.

On dit : — Ces conséquences seraient évitées si le papier des banques régulatrices représentait toujours un encaisse monétaire effectif.

C'est méconnaître à la fois et le caractère du crédit et la vraie cause des abus commis en son nom.

Que le papier ne représente point un monceau effectif de cet instrument barbare, vieilli, insuffisant, simplement subsidiaire, qui est la monnaie ou le lingot d'or : là n'est pas le fond du mal.

Il consiste en ce que le papier ne représente aucun capital effectif, soit émis sans les deux garanties constitutives de toute monnaie sincère.

Les assignats de la Révolution paraissaient offrir l'une et l'autre : émis par l'Etat, ils représentaient des biens nationaux. En réalité, ils n'offraient ni l'une ni l'autre : le gouvernement n'étant pas plus assis que les biens confisqués n'étaient des propriétés reconnues, l'émission des assignats était un expédient révolutionnaire qui devait avoir et qui eut le sort de toutes les mesures despotiques.

Les Etats-Unis ont cru, récemment, pouvoir pallier

l'insuffisance du numéraire par du papier d'Etat n'offrant que la première des garanties. Il s'en est suivi un épouvantable cataclysme économique, dont les conséquences sont encore aujourd'hui incalculables.

———

La seconde des conditions sans lesquelles il ne saurait y avoir de sécurité monétaire, est que le papier émis représente rigoureusement un capital effectif, reconnu par les citoyens, garanti par les mœurs.

Lorsque Proudhon proposa de fonder une banque exclusivement sur le crédit, il fallait lui demander quels seraient la base de son crédit et le titre politique du pouvoir qui sanctionnerait l'émission.

Il s'est condamné lui-même quand il a tenté de fonder par des moyens particuliers une institution qui suppose les garanties politiques.

Il a commis l'erreur d'escompter le travail : ce qui équivaudrait, en bonne logique, à réduire en esclavage le travailleur.

L'admission du capital *personnel* au crédit ne peut s'appliquer à des résultats ultérieurs, mais seulement à des résultats acquis, sans quoi la vie sociale ne serait que tyrannie et qu'*alea*.

De plus, le capital ne peut être admis au crédit, c'est-à-dire à la représentation immédiate en monnaie courante, qu'en vue de la production de son effet utile. Le seul crédit attribuable au simple travailleur est, par conséquent, son admission au travail.

Le crédit est proportionnel à la supériorité. L'ouvrier est sans doute un capital, mais un capital qui ne produit que son entretien et son développement. Proportion évidente : car si le simple travail produisait plus que cela, sa condition d'être étant la nécessité absolue, il descendrait aussitôt au-dessous de son niveau. L'équation du travail et de son entretien, y compris son développement correspondant au développement total de la société, est l'unité de mesure de l'échelle économique. Ce terme est absolu, n'admet ni changement, ni déplacement. Essayez de le faire bouger : toute l'échelle remue du même coup; vous aurez changé des chiffres, les choses exprimées seront restées les mêmes. Car là est la base de la valeur, dont il n'est donné à aucune loi de faire avancer ni reculer d'un pas les rapports.

Qu'est-ce que la richesse?

— La supériorité de la production sur la dépense.

Le crédit est proportionnel à la richesse.

Celui, quelles que soient ses facultés et sa production, qui consomme ce qu'il produit, n'est pas riche et éteint son crédit, ou du moins en arrête le développement, ce qui équivaut, en dynamique sociale, à une chute.

Celui-là n'est pas libre.

Supériorité de production, de capital, de crédit, — et liberté, sont synonymes.

Celui qui ne gagne que sa dépense, n'est maître de rien, n'est pas son propre maître, ne peut se liquider soi-même, n'est pas libre.

A la base de l'édifice moral et économique, il y a ce terme indifférent, cette non-valeur, — l'homme qui économiquement et moralement ne rend que ce qu'on lui donne, — conservation simple, travail simple.

Vous voulez lui fournir une épargne? — Où en trouverez-vous la substance?.

Trouvez-la, saignez-vous à cet effet : il travaillera moins, mangera plus, et rétablira l'équilibre.

Pour cet homme, ni liberté, ni épargne, ni crédit.

———

J'appelle le travail simple une non-valeur, non pas une moins-value.

Celles-ci, se multipliant, poussent les sociétés à la ruine. Elles ne sont pas une base économique, elles sont un échappement extrême qui doit être contrebalancé par les plus-values sociales.

Aussi, dans une société qui se développe, la non-valeur participe-t-elle de ce développement, en vertu non de la force qui est en elle, mais de la poussée extérieure.

La vie étant ascension, cesser de monter, c'est descendre.

———

Poursuivons l'argument contre le prétendu droit au crédit des non-valeurs ainsi définies. Et pour cela, pénétrons plus avant dans l'analyse du droit personnel au crédit, en distinguant les caractères du *crédit réel* et du *crédit personnel*.

En prêtant à Jacques sur hypothèque, j'accorde crédit à la moralité de Jacques, qui pourrait détruire son immeuble, et à la société, qui me garantit l'effet de l'hypothèque.

Une banque qui fournirait à Paul, à raison de son instruction, de sa probité, de son activité, un capital réel destiné à mettre en valeur son capital personnel, lui ferait crédit sur ce fonds. Opération délicate : car elle suppose que Paul est non-seulement capable de gérer son propre capital, mais en outre celui qu'on lui confie ; de tirer de l'un et de l'autre, outre le prix équitable de son travail, le produit qui leur revient.

Tandis qu'il m'est indifférent que Jacques mésuse du capital que je lui prête, sa maison, sur laquelle j'ai la main, me restant pour gage, le prêteur de Paul doit se confier à la capacité de Paul.

Il n'escompte pas le travail de Paul : le travail sera pleinement rétribué. Il ne met pas la main sur les fruits du capital de Paul. Il bénéficie, dans la mesure juste, de l'association des capitaux.

Les deux opérations sont, dans un sens, analogues. Des deux parts, le prêteur table sur un capital existant et sur le revenu de ce capital. Car la maison sur laquelle j'ai pris hypothèque, ne vaut, ainsi que Paul, que par son revenu probable.

Une première différence serait dans ce que j'ai stipulé vis-à-vis de Jacques le remboursement de mon fonds à échéance, et ce remboursement est garanti comme le paiement des intérêts. L'assimilation deviendrait entière sur ce point si Paul amortissait sa dette. Mais un système où Paul trouverait le crédit lui permettant de fournir toute sa valeur ne pourrait être qu'un système de garanties générales dispensant du remboursement du fonds.

La différence essentielle entre les deux opérations, différence tout à l'avantage de la seconde, résulte de ce que la première n'établit entre le prêteur et l'emprunteur aucune solidarité d'intérêts, n'a pas pour but la production par l'association des forces, n'exige d'une part aucun effort pour obtenir le produit, n'offre d'autre part, dans les termes stricts de la proposition, que des facilités de ruine : car nous n'avons pas supposé, chez l'emprunteur, l'existence de facultés personnelles compensant la mauvaise situation où il se place par l'obligation, sous peine de ruine, de faire produire pour autrui un capital étranger qui neutralise le sien.

Opération primitive, barbare, insociale.

La seconde, au contraire, a tous les caractères positifs qui manquent à celle-là, et nous amène à la véritable définition pratique du crédit :

— Le crédit consiste à confier aux virtualités les capitaux qu'elles sont capables de mettre en valeur.

Or, de cette définition, il résulte que de confier des capitaux à celui qui n'est capable que de travail simple, à la non-valeur sociale, ce serait la destruction du crédit et l'abandon du principe du crédit.

———

Cette non-valeur parfaite, cet être neutre, cette équation entre le travail et la consommation, existe-t-elle absolument à l'état de classe? Non. C'est là un point géométrique posé par la nécessité de l'argument. Dans la réalité, tout individu s'écarte plus ou moins de cette limite, en deçà par certains côtés de sa nature, au delà par d'autres. Il est rare que la somme soit exactement zéro, et presque impossible qu'elle s'y maintienne pour une famille et même pour une personne.

Tout homme a des facultés actives par lesquelles il peut s'élever au-dessus de la négation.

Celui-ci a le talent, celui-là, l'activité; un autre est froid, un autre est sobre.

Une seule de ces qualités, s'élevant au-dessus de la moyenne, y élève l'homme qui n'est pas au-dessous par d'autres côtés, et lui donne accession à la liberté, à l'épargne, au crédit.

Loin de moi de refuser à aucun être la faculté de gagner les sphères supérieures ! Je veux les rendre de plus en plus accessibles à chacun : je ne lui fais pas un droit de ce qui est un succès; je ne lui confère pas gratuitement ce qu'il doit conquérir; je n'abaisse pas les sphères à son niveau, parce qu'il n'a pas la vertu de monter jusqu'à elles.

—

Mais sortons de la dynamique industrielle. Sous le travailleur, il y a l'homme; sous l'illettré même, il y a encore l'homme : sous le savant et le maître de la richesse, l'homme n'apparaît pas toujours.

Passant du monde de l'action à celui du sentiment, bien des proportions se renversent.

La conscience humaine, plus ou moins oblitérée ou éclairée chez chacun de nous, a un fonds absolu qui appartient à tous, ou du moins que nous ne pouvons, hors les cas de déchéance pathologique ou judiciaire, dénier à personne.

De là l'égalité des droits civils et politiques, dès à présent conquise par les masses.

Le même sentiment de leur dignité qui leur a valu cette conquête leur permet des conquêtes sociales, fruits de la liberté, de la justice, de l'instruction professionnelle, et de cette triple puissance du travailleur : le développement, l'économie et l'association des forces.

Le travailleur arrive ainsi au capital et au crédit, mais sans en changer les lois constitutives.

—

Je n'ai rien à dire des associations du capital *réel*. Elles sont naturelles, éternelles, nécessaires et parfaitement infécondes, sans l'appoint du capital *personnel* et des garanties générales de l'ordre social et politique.

On a, depuis quatre-vingts ans, si exclusivement donné la haute main au capital réel, qu'il a traité en serf et non en associé le capital personnel chez autrui, et l'a laissé moisir dans sa maison, et que les garanties générales ont été négligées.

D'où l'issue que l'on connaît.

* * *

Nous sommes à un moment de crise. Chacun veut sauver l'Etat ou le peuple. On propose de part et d'autre des remèdes extrêmes.

Les uns veulent étouffer les forces nouvelles, étrangler les besoins nouveaux, égorger le destin.

Les autres seraient satisfaits de démolir l'ancien monde et de semer du sel sur les ruines.

Tout cela est extra-scientifique.

* * *

Tandis que les gens dissertent à leur fantaisic et disposent du fait à leur guise, le fait suit sa marche. Une transformation économique s'opère et se continue. La révolution sociale achève la révolution politique.

L'accession du peuple aux droits civils et politiques, conquête nominale de 1789 et de 1848, se complète, ou mieux, se réalise par son accession à l'instruction et au crédit.

Au-dessus et en dehors des prétentions de partis, de classes, de familles titrées, ceci est la grande œuvre qui s'accomplit, qu'on le veuille ou non, malgré amis et ennemis.

Pour que cette œuvre parvienne à sa fin, il est nécessaire que l'assiette telle quelle de l'oligarchie du capital réel ne soit pas détruite ; car c'est la base sur laquelle doit se sceller l'alliance du capital personnel et du capital réel, le nouveau contrat social.

Pour que ce travail intérieur, cette incubation d'une formule nouvelle au sein de la France encore une fois mère, soit possible, il faut que ni l'Etat, ni l'armée, ni le budget ne soit amoindri.

Il faut que la question organique ne soit compliquée

ni de compétitions de pouvoir, ni de luttes religieuses, ni de dérivations externes.

***

Or, comment, tous ces termes écartés, le capital personnel développé par l'instruction intégrale peut-il offrir au crédit une base certaine?

Je n'hésite pas à répondre que cette grande œuvre économique et sociale ne peut s'accomplir que par la solidarité des citoyens dans la commune, des communes dans la province, des provinces dans la nation et des nations dans l'humanité.

Nous n'aurons pas de longtemps le dernier étage de l'édifice, son couronnement idéal; de longtemps nous n'atteindrons la réalisation entière de la formule. L'acheminement vers la justice et la vérité a-t-il une fin?

Mais nous touchons à l'établissement des trois premières assises; car il n'y a pas désormais d'autre solution aux problèmes qui nous travaillent.

On a trop disputé d'une commune politique, nation en petit, législation minuscule, tyrannie aiguë. Ecartons ce fantôme, arme bizarre du fédéralisme, l'injure à l'histoire, négation des temps.

La vraie commune que nous avons à fonder est la commune sociale, constituée par la solidarité des citoyens, milieu de l'homme nouveau, l'élevant, l'instituant, le moralisant, mettant d'accord ses virtualités et leur emploi, société d'assurances organiques, se mouvant dans l'unité originaire de la province, responsable devant l'unité politique de l'Etat.

28 novembre 1873.

***

Paris.— Imprimerie Moderne, Barthier, d', rue Jean-Jacques-Rousseau, 64.

ÉTUDES COMMUNALISTES

III. — LE DROIT DES GENS

Par Junior

PARIS

LIBRAIRIE ANDRÉ SAGNIER

9, rue Vivienne

3e Livraison.

ÉTUDES COMMUNALISTES

IV. — LA GUERRE

Par Junior

PARIS

LIBRAIRIE ANDRÉ SAGNIER

9, rue Vivienne

4ᵉ Livraison.

PARIS

LIBRAIRIE UNIVERSELLE

et Bibliothèque Démocratique

GODET Jeune

Place des Victoires, 9.

—

Tous droits réservés

5e Livraison.

DIX CENTIMES
franco
QUINZE CENTIMES
ÉTUDES COMMUNALISTES
VI. — L'HÉRÉSIE
Par Junior
PARIS
LIBRAIRIE UNIVERSELLE
et Bibliothèque Démocratique
GODET Jeune
Place des Victoires, 9.
Tous droits réservés
6e Livraison.

7ᵉ Livraison.

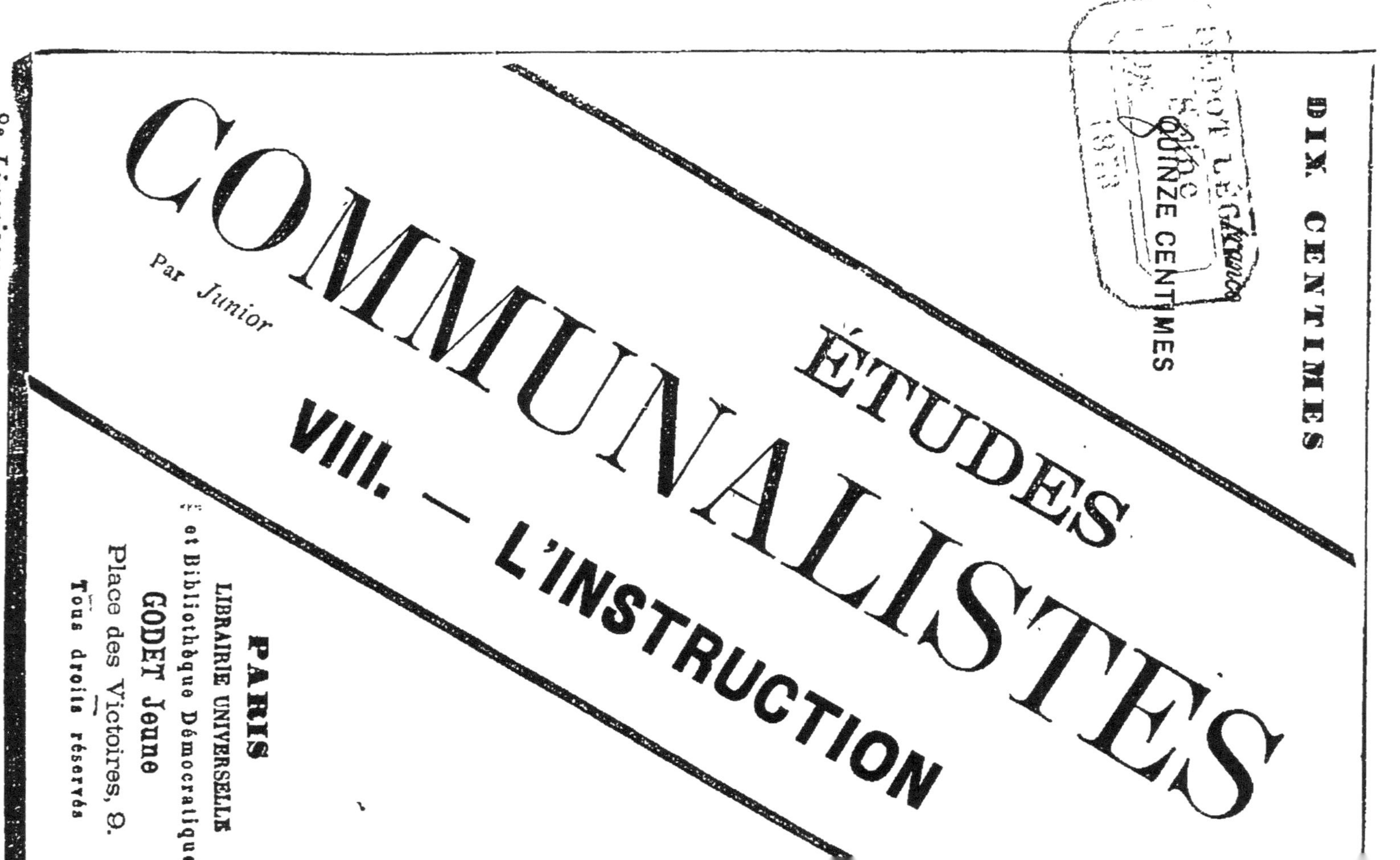

DIX CENTIMES
QUINZE CENTIMES
ÉTUDES
COMMUNALISTES
VIII. — L'INSTRUCTION
Par Junior
PARIS
LIBRAIRIE UNIVERSELLE
et Bibliothèque Démocratique
GODET Jeune
Place des Victoires, 9.
Tous droits réservés
8e Livraison.

EN VENTE A LA MÊME LIBRAIRIE :

Dr GAILLOT. — **Un Petit-Fils d'Attila,**
      invasion de 1870-71 . . . . 3 » 3 30
      Les Vices à la Mode (*Vir Liber*) 2 » 2 25

BIBLIOTHÈQUE DÉMOCRATIQUE

Directeur Victor POUPIN.

35 volumes sont en vente.

	A Paris.	Franco pour toute la France.
Le volume.	» 30	» 45

ÉCOLE RÉPUBLICAINE

par Emile SAUVAGE

Cette collection traite des questions les plus utiles à l'avenir de la République

	à Paris	Franco pour toute la France.
7 volumes sont en vente 1, 2, ...	» 30	» 35
4, 5, 7.	» 40	» 45
6.	1 »	1 10

DU MÊME AUTEUR :

Le Clergé et la Démocratie . . . . 2 » 2 20

L'Armée des Vosges, *Ricciotti Garibaldi et la* 4e *brigade.* Récit de la campagne 1870-1871, vol. in-18 . . . . 1 50 1 75

Lettres aux Alsaciens, MISMER, n°s 1, 2 et 3 . . » 30 » 35

Les Incurables, par Emile SAINT-HILAIRE 1   20

Donnez-nous un Roi (Epître aux conservateurs). 1 50 1 65

Les Plaies sociales (l'*Ignorance*) par H. de CASTELNAU (docteur LUX, du *Réveil*) . . . . 4 » 4 40

PARAITRONT ULTÉRIEUREMENT

Les Études Communalistes :

L'État. — L'École. — Les Élections de 1869. Les Hommes de Septembre. — La Politique de la Gauche. — Messieurs les Maires. — L'Alliance Républicaine des Départements. — Le Principe reste. — La Force des Choses.

EN VENTE:

Démocratie. — Nation. — Le Droit des Gens. — La Guerre. — L'Idée. — L'Hérésie. L'Opinion. — L'Instruction.

Envoi de toute publication contre la valeur et l'affranchissement en timbre-poste. — Envoi gratis du Catalogue sur demande affranchie.

Paris. — Imp. Moderne (BARTHIER d'), rue Jean-Jacques-Rousseau, 61

Paris. — Imp. Moderne (Barthier Dr), rue J.-J.-Rousseau, 61.

PARAITRONT ULTÉRIEUREMENT :

L'Idée.

L'Hérésie.

L'Opinion.

La Science.

L'État.

L'École.

Les Élections de 1869.

Les Hommes de Septembre.

La Politique de la Gauche.

Messieurs les Maires.

L'Alliance Républicaine des Départements.

Le Principe reste.

La Force des Choses.

EN VENTE :

Démocratie.

Nation.

Le Droit des Gens.

Paris. — Imp. Moderne (Barthier Dr), rue J.-J.-Rousseau, 61.

PARAITRONT ULTÉRIEUREMENT :

La Guerre.

L'Idée.

L'Hérésie.

L'Opinion.

La Science.

L'État.

L'École.

Les Élections de 1869.

Les Hommes de Septembre.

La Politique de la Gauche.

Messieurs les Maires.

L'Alliance Républicaine des Départements.

Le Principe reste.

La Force des Choses.

EN VENTE :

Démocratie.

Nation.

Paris. — IMPRIMERIE MODERNE (Barthier, Directeur), rue J.-J.-Rousseau, 61.

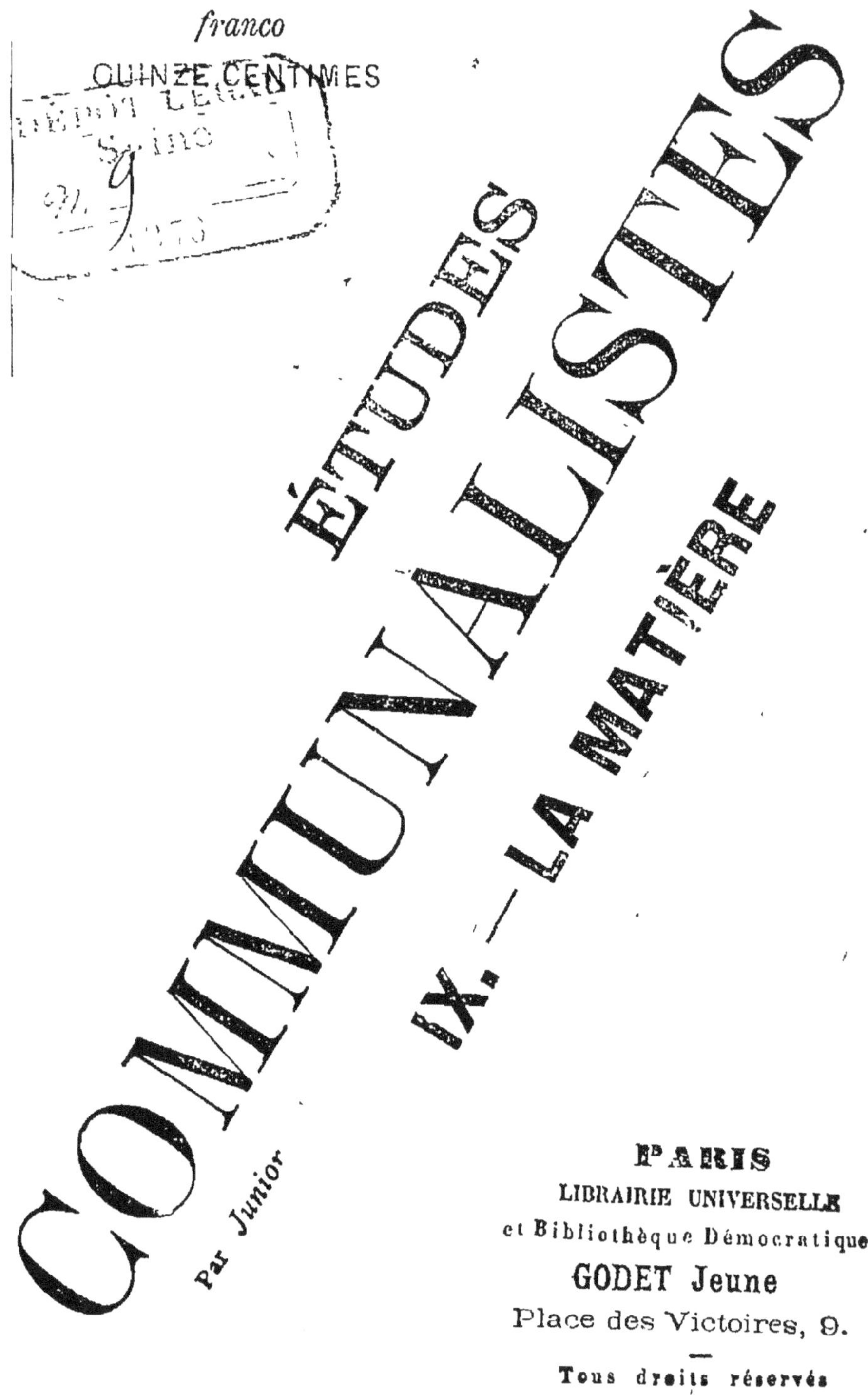

PARIS
LIBRAIRIE UNIVERSELLE
et Bibliothèque Démocratique
GODET Jeune
Place des Victoires, 9.

—

9e Livraison.

DIX CENTIMES
DÉPÔT Franco
Soins
QUINZE CENTIMES
ÉTUDES COMMUNALISTES
X. — LES MŒURS
Par Junior
PARIS
LIBRAIRIE UNIVERSELLE
et Bibliothèque Démocratique
GODET Jeune
Place des Victoires, 9.
Tous droits réservés
10e Livraison.

ÉTUDES COMMUNALISTES

Par Junior

XI. — LA SCIENCE

PARIS

LIBRAIRIE UNIVERSELLE

et Bibliothèque Démocratique

GODET Jeune

Place des Victoires, 9.

12ᵉ Livraison.

DIX CENTIMES

franco

QUINZE CENTIMES

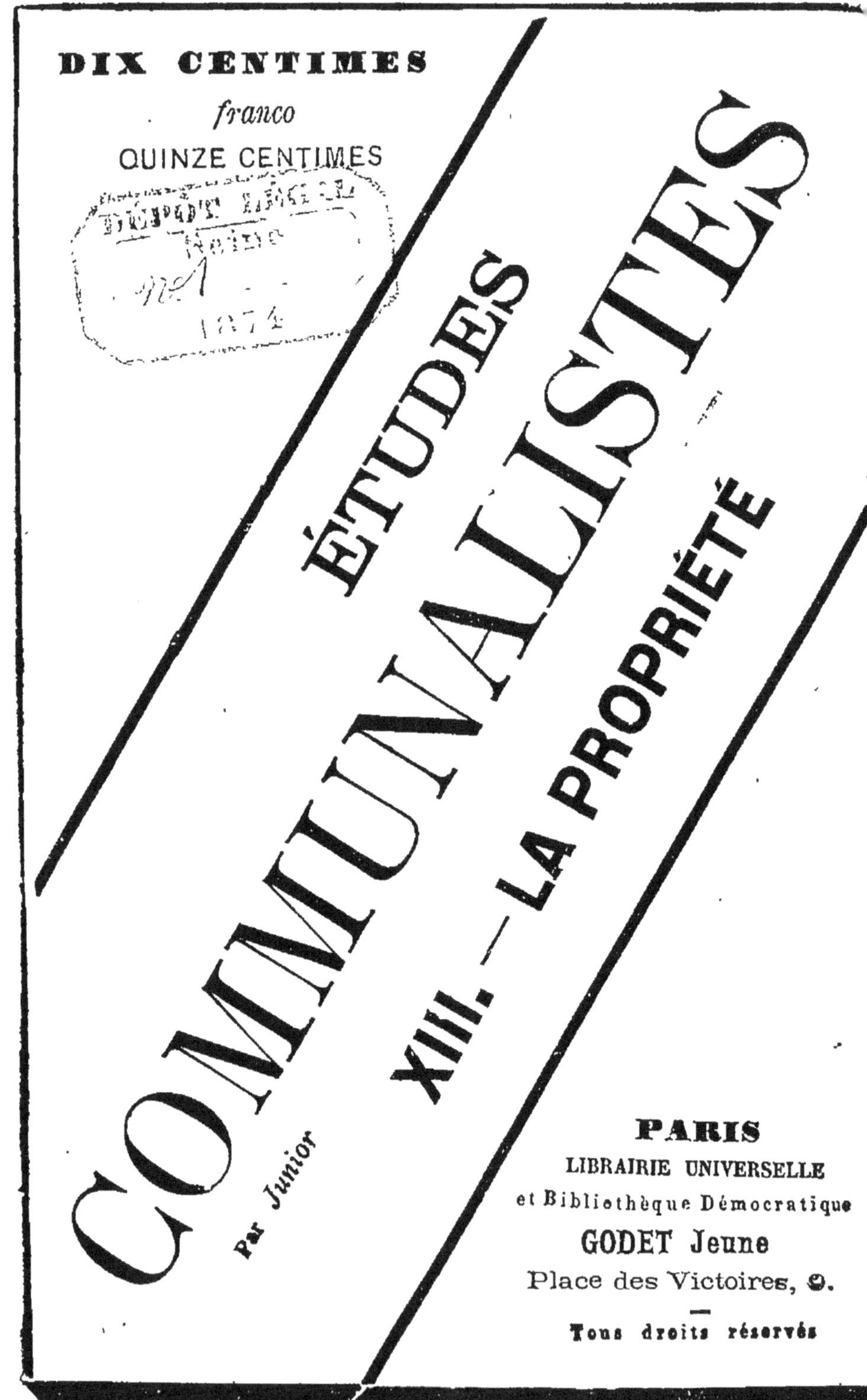

13ᵉ *Livraison.*